바로보인

전 傳
등 燈
록 錄

14

농선 대원 역저

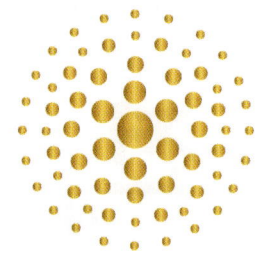

이 원상은 농선 대원 선사님께서 직접 그리신 것으로 모든 불성이 서로 상즉해 공존하는 원리를 담은 것이다.

선 심(禪心)

누리 삼킨 참나를
낙화(落花)로 자각(自覺)
떨어지는 물소리로 웃고 가는 길
돌에서 꽃에서도 님이 맞는다

 정맥 선원의 문젠 마크는 농선 대원 선사님께서 마음을 상징하는 달(moon)과 그 마음을 깨달아 마음이 내가 된 삶인 선(zen)을 평화의 상징인 비둘기로 형상화 하신 것이다.

교조 석가모니 부처님과
부처님으로부터 직계로 내려온
불조정맥 78대 조사들의
진영과 전법게

 불조정맥

　불조정맥이란 석가모니 부처님으로부터 현 78대 조사에 이르기까지 스승에게 깨달음의 인증인 인가를 받아 법을 전하라는 부촉을 받은 전법선사의 맥이다. 여기에 실린 불조진영과 전법게는 농선 대원 선사님께서 다년간 수집 정리하여 기도와 관조 끝에 완성하여 수립하신 것이다. 각 선사의 진영과 함께 실린 전법게는 스승으로부터 직접 전해 받은 게송이다. 단, 석가모니 부처님 진영에 실린 게송은 석가모니 부처님의 게송이다.

교조　석가모니 부처님

환화라고 하는 것 근본 없어 생긴 적도 없어서	幻化無因亦無生
모두가 스스로 이러-해서 본다 함도 이러-하네	皆則自然見如是
모든 법도 스스로 화한 남, 아닌 것이 없어서	諸法無非自化生
환화라 하지만 남이 없어 두려워할 것도 없네	幻化無生無所畏

제1조   마하가섭 존자

법이라는 본래 법엔 법이랄 것 없으나	法本法無法
법이랄 것 없다는 법, 그 또한 법이라	無法法亦法
이제 법이랄 것 없음을 전해줌에	今付無法時
법이라는 법인들 그 어찌 법이랴	法法何曾法

제2조   아난다 존자

법이란 법 본래의 법이라	法法本來法
법도 없고 법 아님도 없으니	無法無非法
어떻게 온통인 법 가운데	何於一法中
법 있으며 법 아닌 것 있으랴	有法有非法

제3조   상나화수 존자

본래의 법 전함이 있다 하나	本來付有法
전한 말에 법이랄 것 없다 했네	付了言無法
각자가 스스로 깨달으라	各各須自悟
깨달으면 법 없음도 없다네	悟了無無法

제4조   우바국다 존자

법 아니고 마음도 아니어서	非法亦非心
맘이랄 것, 법이랄 것 없나니	無心亦無法
마음이다, 법이다 설할 때는	說是心法時
그 법은 마음법이 아니로다	是法非心法

제5조   제다가 존자

마음이란 스스로인 본래의 마음이니	心自本來心
본래의 마음에는 법 있는 것 아니로다	本心非有法
본래의 마음 있고 법이란 것 있다 하면	有法有本心
마음도 아니요 본래 법도 아니로다	非心非本法

제6조　미차가 존자

본래의 마음법을 통달하면　　　　通達本心法
법도 없고, 법 아님도 없도다　　　無法無非法
깨달으면 깨닫기 전과 같아　　　　悟了同未悟
마음이니, 법이니 할 것 없네　　　無心亦無法

제7조　바수밀 존자

맘이랄 것 없으면 얻음도 없어서　　無心無可得
설함에 법이라 이름할 것도 없네　　說得不名法
만약에 맘이라 하면 마음 아님 깨달으면　若了心非心
비로소 마음인 마음법 안다 하리　　始解心心法

제8조　불타난제 존자

가없는 마음으로　　　　心同虛空界
가없는 법 보이니　　　　示等虛空法
가없음을 증득하면　　　證得虛空時
옳고 그른 법이 없다　　　無是無非法

제9조　복타밀다 존자

허공이 안팎 없듯　　　　虛空無內外
마음법도 그러하다　　　　心法亦如此
허공이치 요달하면　　　　若了虛空故
진여이치 통달하네　　　　是達眞如理

제10조　파율습박(협) 존자

진리란 본래에 이름할 수 없으나　　眞理本無名
이름에 의하여 진리를 나타내니　　因名顯眞理
받아 얻은 진실한 법이라고 하는 것　受得眞實法
진실도 아니요, 거짓도 아니로세　　非眞亦非僞

제11조 부나야사 존자

참된 몸 스스로 이러-히 참다우니	眞體自然眞
참됨을 설함으로 인해 진리란 것 있다 하나	因眞說有理
참답게 참된 법을 깨달아 얻으면	領得眞眞法
베풀 것도 없으며 그칠 것도 없다네	無行亦無止

제12조 아나보리(마명) 존자

미혹과 깨침이란 숨음과 드러남 같다 하나	迷悟如隱顯
밝음과 어둠이 서로가 여읠 수 없는 걸세	明暗不相離
이제 숨음이 드러난 법 부촉한다지만	今付隱顯法
하나도 아니요, 둘도 또한 아니로세	非一亦非二

제13조 가비마라 존자

숨었느니 드러났느니 하지만 본래의 법에는	隱顯卽本法
밝음과 어두움이 원래에 둘 아니라	明暗元不二
깨달아 마친 법을 전한다고 하지만	今付悟了法
취함도 아니요, 여읨도 아니로세	非取亦非離

제14조 나가르주나(용수) 존자

숨을 수도, 드러날 수도 없는 법이라 함	非隱非顯法
이것이 참다운 실제를 말함이니	說是眞實際
숨음이 드러난 법 깨달았다 하나	悟此隱顯法
어리석음도 아니요 지혜로움도 아니로다	非愚亦非智

제15조 가나제바 존자

숨었느니 드러났느니 하면 법에 밝다 하랴	爲明隱顯法
밝게 해탈의 이치를 설하려면	方說解脫理
저 법에 증득한 바도 없는 마음이어야 하니	於法心不證
성낼 것도 없으며 기쁠 것도 없다네	無嗔亦無喜

제16조　라후라타 존자

본래에 법을 전할 사람 대해	本對傳法人
해탈의 진리를 설하나	爲說解脫理
법엔 실로 증득한 바 없어서	於法實無證
마침도 비롯함도 없느니라	無終亦無始

제17조　승가난제 존자

법에는 진실로 증득한 바 없어서	於法實無證
취함도 없으며 여읨도 없느니라	不取亦不離
법에는 있다거나 없다는 상도 없거늘	法非有無相
안이니 밖이니 어떻게 일으키리	內外云何起

제18조　가야사다 존자

맘 바탕엔 본래에 남 없거늘	心地本無生
바탕의 인, 연을 쫓아 일으키나	因地從緣起
연과 종자 서로가 방해 없어	緣種不相妨
꽃과 열매 그 또한 그러하네	華果亦復爾

제19조　구마라다 존자

마음의 바탕에 지닌 종자 있음에	有種有心地
인과 연이 능히 싹 나게 하지만	因緣能發萌
저 연에 서로가 걸림이 없어서	於緣不相礙
마땅히 난다 해도 남이 남 아니로세	當生生不生

제20조　사야다 존자

성품에는 본래에 남 없건만	性上本無生
구하는 사람 대해 설할 뿐	爲對求人說
법에는 얻은 바 없거늘	於法旣無得
어찌 깨닫고, 깨닫지 못함을 둘 것인가	何懷決不決

제21조　바수반두 존자

말 떨어지자마자 무생에 계합하면	言下合無生
저 법계와 성품이 함께 하리니	同於法界性
만일 능히 이와 같이 깨친다면	若能如是解
궁극의 이변 사변 통달하리	通達事理竟

제22조　마노라 존자

물거품과 환 같아 걸릴 것도 없거늘	泡幻同無礙
어찌하여 깨달아 마치지 못했다 하는가	如何不了悟
그 가운데 있는 법을 통달하면	達法在其中
지금도 아니요, 옛 또한 아니니라	非今亦非古

제23조　학륵나 존자

마음이 만 경계를 따라서 구르나	心隨萬境轉
구르는 곳마다 실로 능히 그윽함에	轉處實能幽
성품을 깨달아서 흐름을 따르면	隨流認得性
기쁠 것도 없으며 근심할 것도 없네	無喜亦無憂

제24조　사자보리 존자

마음의 성품을 깨달음에	認得心性時
사의할 수 없다고 말하나니	可說不思議
깨달아 마쳐서는 얻음 없어	了了無可得
깨달아선 깨달았다 할 것 없네	得時不說知

제25조　바사사다 존자

깨달음의 지혜를 바르게 설할 때에	正說知見時
깨달음의 지혜란 이 마음에 갖춘 바라	知見俱是心
지금의 마음이 곧 깨달음의 지혜요	當心卽知見
깨달음의 지혜가 곧 지금의 함일세	知見卽于今

제26조　불여밀다 존자

성인이 말하는 지견은	聖人說知見
경계를 맞아서 시비 없네	當境無是非
나 이제 참성품 깨달음에	我今悟眞性
도랄 것도, 이치랄 것도 없네	無道亦無理

제27조　반야다라 존자

맘 바탕에 참성품 갖췄으나	眞性心地藏
머리도, 꼬리도 없으니	無頭亦無尾
인연 응해 만물을 교화함을	應緣而化物
지혜라고 하는 것도 방편일세	方便呼爲智

제28조　보리달마 존자

마음에서 모든 종자 냄이여	心地生諸種
일(事)로 인해 다시 이치 나느니라	因事復生理
두렷이 보리과가 원만하니	果滿菩提圓
세계를 일으키는 꽃 피우리	華開世界起

제29조　신광 혜가 대사

내가 본래 이 땅에 온 것은	吾本來此土
법을 전해 중생을 구함일세	傳法救迷情
한 송이에 다섯 꽃잎 피리니	一花開五葉
열매 맺음 자연히 이뤄지리	結果自然成

제30조　감지 승찬 대사

본래의 바탕에 연 있으면	本來緣有地
바탕의 인에서 종자 나서 꽃핀다 하나	因地種華生
본래엔 종자가 있은 적도 없어서	本來無有種
꽃핀 적도 없으며 난 적도 없다네	華亦不曾生

제31조　대의 도신 대사

꽃과 종자 바탕으로 인하니　　　　　　華種雖因地
바탕을 쫓아서 종자와 꽃을 내나　　　　從地種華生
만약에 사람이 종자 내림 없으면　　　　若無人下種
남 없어 바탕에 꽃핀 적도 없다 하리　　華地盡無生

제32조　대만 홍인 대사

꽃과 종자 성품에서 남이라　　　　　　華種有生性
바탕으로 인해서 나고 꽃피우니　　　　因地華生生
큰 연과 성품이 일치하면　　　　　　　大緣與性合
그 남은 나도 남 아니로세　　　　　　　當生生不生

제33조　대감 혜능 대사

정 있어 종자를 내림에　　　　　　　　有情來下種
바탕 인해 결과 내어 영위하나　　　　　因地果還生
정이랄 것도 없고 종자랄 것도 없어서　　無情旣無種
만물의 근원인 도의 성품엔 또한 남도 없네　無性亦無生

제34조　남악 회양 전법선사

마음의 바탕에 모든 종자 머금어져　　　心地含諸種
널리 비 내림에 모두 다 싹트도다　　　　普雨悉皆生
단박에 깨달아 정을 다한 꽃피움에　　　頓悟華情已
보리의 과위가 스스로 이뤄졌네　　　　菩提果自成

제35조　마조 도일 전법선사

마음의 바탕에 모든 종자 머금어져　　　心地含諸種
비와 이슬 만남에 모두 다 싹이 트나　　遇澤悉皆萌
삼매의 꽃핌이라 형상이 없거늘　　　　三昧華無相
무엇이 무너지고 무엇이 이뤄지랴　　　何壞復何成

제36조 백장 회해 전법선사

마음 외에 본래에 다른 법이 없거늘　　心外本無法
부촉함이 있다 하면 마음법이 아닐세　　有付非心法
원래에 마음법 없음을 깨달은　　　　　旣知非法心
이러-한 마음법을 그대에게 부촉하네　如是付心法

제37조 황벽 희운 전법선사

본래에 말로는 부촉할 수 없는 것을　　本無言語囑
억지로 마음의 법이라 전함이니　　　　强以心法傳
그대가 원래에 받아 지닌 그 법을　　　汝旣受持法
마음의 법이라고 다시 어찌 말하랴　　心法更何言

제38조 임제 의현 전법선사

마음의 법 있으면 병이 있고　　　　　病時心法在
마음의 법 없으면 병도 없네　　　　　不病心法無
내 부촉한 마음의 법에는　　　　　　　吾所付心法
마음의 법 있는 것 아니로세　　　　　不在心法途

제39조 흥화 존장 전법선사

지극한 도는 간택함이 없으니　　　　　至道無揀擇
본래의 마음이라 향하고 등짐이 없느니라　本心無向背
이 같음을 감당해 이으려는가?　　　　便如此承當
봄바람에 곤한 잠을 더하누나　　　　　春風增瞌睡

제40조 남원 혜옹 전법선사

대도는 온통 맘에 있다지만　　　　　　大道全在心
맘에 구함 있으면 그르치네　　　　　　亦非在心求
그대에게 부촉한 자심의 도에는　　　　付汝自心道
기쁨도 근심도 없느니라　　　　　　　無喜亦無憂

제41조 풍혈 연소 전법선사

나 이제 법 없음을 말하노니	我今無法說
말한 바가 모두 다 법 아니라	所說皆非法
법 없는 법 지금에 부촉하니	今付無法法
이 법에도 머무르지 말아라	不可住于法

제42조 수산 성념 전법선사

말한 적도 없어야 참법이니	無說是眞法
이 말함은 원래에 말함 없네	其說元無說
나 이제 말한 적도 없을 때	我今無說時
말함이라 말한들 말함이랴	說說何曾說

제43조 분양 선소 전법선사

예로부터 말함 없음 부촉했고	自古付無說
지금의 나 또한 말함 없네	我今亦無說
다만 이 말함 없는 마음을	只此無說心
모든 부처 다 같이 말한 바네	諸佛所共說

제44조 자명 초원 전법선사

허공이 형상이 없다 하나	虛空無形像
형상도, 허공도 아닐세	形像非虛空
내 부촉한 마음의 법이란	我所付心法
공도 공한 공이어서 공 아닐세	空空空不空

제45조 양기 방회 전법선사

허공이 면목이 없듯이	虛空無面目
마음의 상 또한 이와 같네	心相亦如然
곧 이렇게 비고 빈 마음을	卽此虛空心
높은 중에 높다고 하는 걸세	可稱天中天

제46조　백운 수단 전법선사

마음의 본체가 허공같아	心體如虛空
법 또한 허공처럼 두루하네	法亦遍虛空
허공 같은 이치를 증득하면	證得虛空理
법도 아니요, 공한 맘도 아니로세	非法非心空

제47조　오조 법연 전법선사

도에는 나라는 나 원래 없고	道我元無我
도에는 맘이란 맘 원래 없네	道心元無心
오직 이 나라 함도 없는 법으로	唯此無我法
나라 함 없는 맘에 일체하네	相契無我心

제48조　원오 극근 전법선사

참나에는 본래에 맘이랄 것 없으며	眞我本無心
참마음엔 역시나 나랄 것 없으나	眞心亦無我
이러-히 참답게 참마음에 일체되면	契此眞眞心
나를 나라 한들 어찌 거듭된 나겠는가	我我何曾我

제49조　호구 소륭 전법선사

도 얻으면 자재한 마음이고	得道心自在
도 얻지 못하면 근심이라 하나	不得道憂惱
본래의 마음의 도 부촉함에	付汝自心道
기쁨도, 근심도 없느니라	無喜亦無惱

제50조　응암 담화 전법선사

맑던 하늘 구름 덮인 하늘 되고	天晴雲在天
비 오더니 젖어있는 땅일세	雨落濕在地
비밀히 마음을 부촉함이여	秘密付與心
마음법이란 다만 이것일세	心法只這是

제51조   밀암 함걸 전법선사

부처님은 눈으로써 별을 보고	佛用眼觀星
난 귀로써 소리를 들었도다	我用耳聽聲
나의 함이 부처님의 함과 같아	我用與佛用
내 밝음이 그대의 밝음일세	我明汝亦明

제52조   파암 조선 전법선사

부처와 더불어 중생의 보는 것이	佛與衆生見
원래 근본 부처인데 금 그은들 바뀌랴	元本佛隔線
그대에게 부촉한 본연의 마음법에는	付汝自心法
깨닫고 깨닫지 못함도 없느니라	非見非不見

제53조   무준 사범 전법선사

내가 만약 봄이 없다 할 때에	我若不見時
그대 응당 봄이 없이 보아라	汝應不見見
봄에 봄 없어야 본연의 봄이니	見見非自見
본연의 마음이 언제나 드러났네	自心常顯現

제54조   설암 혜랑 전법선사

진리는 곧기가 거문고줄 같다는데	眞理直如絃
어떻게 침묵이나 말로 다시 할 것인가	何默更何言
나 이제 그대에게 공교롭게 부촉하니	我今善付囑
밝힌 마음 본래에 얻음이 없는 걸세	表心本無得

제55조   급암 종신 전법선사

사람에겐 미혹하고 깨달음이 본래 없는데	本無迷悟人
미했느니 깨쳤느니 제 스스로 분별하네	迷悟自家計
젊어서 깨달았다 말이나 한다면	記得少壯時
늙어서까지라도 깨닫지 못할 걸세	而今不覺老

제56조   석옥 청공 전법선사

이 마음이 지극히 광대하여　　　　　此心極廣大
허공에 비할 수도 없다네　　　　　　虛空比不得
이 도는 다만 오직 이러-하니　　　　此道只如是
밖으로 찾음 쉬어 받아 지녔네　　　　受持休外覓

제57조   태고 보우 전법선사

지극히 큰 이것인 이 마음과　　　　　至大是此心
지극히 성스러운 이것인 이 법이라　　至聖是此法
등불과 등불의 광명처럼 나뉨 없음　　燈燈光不差
이 마음 스스로가 통달해 마침일세　　了此心自達

제58조   환암 혼수 전법선사

마음 중의 본연의 마음과　　　　　　心中有自心
법 중의 지극한 법을　　　　　　　　法中有至法
내가 지금 부촉한다 하나　　　　　　我今可付囑
마음법엔 마음법이라 함도 없네　　　心法無心法

제59조   구곡 각운 전법선사

온통인 도, 마음의 광명이라 할 것도 없으나　一道不心光
과거, 현재, 미래와 시방을 밝힘일세　　三際十方明
어떻게 지극히 분명한 이 가운데　　　何於明白中
밝음과 밝지 않음 있다고 하리오　　　有明有不明

제60조   벽계 정심 전법선사

나 지금 법 없음을 부촉하고　　　　　我無法可付
그대는 무심으로 받는다 하나　　　　汝無心可受
전함 없고 받음 없는 맘이라면　　　　無付無受心
누구라도 성취하지 못했다 하랴　　　何人不成就

제61조　벽송 지엄 전법선사

마음이 곧 깨달음의 마음이요	心卽能知心
법이 곧 깨달음의 법이라	法卽可知法
마음법을 마음법이라 전한다면	法心付法心
마음도, 법도 아닐세	非心亦非法

제62조　부용 영관 전법선사

조사와 조사가 법 없음을 부촉한다 하나	祖祖無法付
사람과 사람마다 본래 스스로 지님일세	人人本自有
그대는 부촉함도 없는 법을 받아서	汝受無付法
긴요히 뒷날에 전하도록 하여라	急着傳扵後

제63조　청허 휴정 전법선사

참성품은 본래에 성품이라 할 것 없고	眞性本無性
참법은 본래에 법이라 할 것 없네	眞法本無法
법이니 성품이니 할 것 없음 깨달으면	了知無法性
어떠한 곳엔들 통달하지 못하랴	何處不通達

제64조　편양 언기 전법선사

법도 아니고 법 아님도 아니고	非法非非法
성품도 아니고 성품 아님도 아니며	非性非非性
마음도 아니고 마음 아님도 아님이	非心非非心
그대에게 부촉하는 궁극의 마음법일세	付汝心法竟

제65조　풍담 의심 전법선사

부처님이 전하신 꽃 드신 종지와	師傳拈花宗
내가 미소지어 보인 도리를	示我微笑法
친히 손수 그대에게 분부하니	親手分付汝
받들어 지녀 누리에 두루하게 하라	持奉遍塵刹

제66조　월담 설제 전법선사

깨달아선 깨달은 바 없으며	得本無所得
전해서는 전함 또한 없느니라	傳亦無可傳
전함도 없는 법을 부촉함이어	今付無傳法
동서가 온통한 하늘일세	東西共一天

제67조　환성 지안 전법선사

전하거나 받을 법이 없어서	無傳無受法
전하거나 받는다는 맘도 없네	無傳無受心
부촉하나 받은 바 없는 이여	付與無受者
허공의 힘줄마저 뽑아서 끊었도다	擊斷虛空筋

제68조　호암 체정 전법선사

연류에 따른 일단사여	沿流一段事
머리도 꼬리도 필경 없네	竟無頭與尾
사자새끼인 그대에게 부촉하니	付與獅子兒
사자후 천지에 가득케 하라	哨吼滿天地

제69조　청봉 거안 전법선사

서 가리켜 동에 그림이여	指西喚作東
풍악산의 뭇 봉우리로다	楓嶽山衆峰
불조의 이러한 법을	佛祖之此法
너에게 분부하노라	分付今日汝

제70조　율봉 청고 전법선사

머리도 꼬리도 없는 도리	無頭尾道理
오늘 그대에게 전해주니	今日傳授汝
이후로 보림을 잘 하여서	此後善保任
영원히 끊어짐이 없게 하라	永遠無斷絶

제71조   금허 법첨 전법선사

그믐날 근원에 돌아간다 말했으나	晦日豫言爲還元
법신에 그 어찌 가고 옴이 있으랴	法身何有去與來
푸른 하늘 해 있고, 못 가운데 연꽃일세	日在靑天池中蓮
이 법을 분부하니 끊어짐이 없게 하라	此法分付無斷絶

제72조   용암 혜언 전법선사

'연꽃이 나왔다' 하여 보인 큰 도리를	示出蓮之大道理
다시 또 뜰 밑 나무 가리켜 보여서	復亦指示庭下樹
후일의 크고 큰일 그대에게 부촉하니	後日大事與咐囑
잘 지녀 보림하여 끊어짐 없게 하라	保任善持無斷絶

제73조   영월 봉율 전법선사

사느니 죽느니 이 무슨 말들인고	生也死也是何言
물밭엔 연꽃이고 하늘엔 해일세	水田蓮花在天日
가없이 이러-해서 감출 수 없이 드러남	無邊無藏露如是
오늘 네게 분부하니 끊어짐 없게 하라	今日分付無斷絶

제74조   만화 보선 전법선사

봄산과 뜬구름을 동시에 보아라	春山浮雲觀同時
중생들의 이익될 바 그 가운데 있느니라	普益衆生在其中
이 가운데 도리를 이제 네게 부촉하니	此中道理今付汝
계승해 끊임없이 번성케 할지어다	繼承無斷爲繁盛

제75조   경허 성우 전법선사

하늘의 뜬구름이 누설한 그 도리를	浮雲漏泄其道理
오늘날 선자에게 부촉하여 주노니	今日咐囑與禪子
철저하게 보림하여 모범을 보임으로	保任徹底示模範
후세에 끊어짐이 없게 할 맘, 지니게나	後世無斷爲持心

제76조   만공 월면 전법선사

구름과 달,산과 계곡이라,곳곳에서 같음이여   雲月溪山處處同
선가의 나의 제자 수산의 큰 가풍일세   叟山禪子大家風
은근히 무문인을 그대에게 분부하니   慇懃分付無文印
이 기틀의 방편이 활안 중에 있노라   一段機權活眼中

제77조   전강 영신 전법선사

불조도 전한 바 없어서   佛祖未曾傳
나 또한 얻은 바 없음을…   我亦無所得
가을빛 저물어 가는 날에   此日秋色暮
뒷산의 원숭이가 울고 있네   猿嘯在後峰

제78대   농선 대원 전법선사

부처와 조사도 일찍이 전한 것이 아니거늘   佛祖未曾傳
나 또한 어찌 받았다 하며 준다 할 것인가   我亦何受授
이 법이 2천년대에 이르러서   此法二千年
널리 천하 사람을 제도하리라   廣度天下人

부처님으로부터 직계로 내려온 불조정맥 제78대 농선 대원 선사님

농선 대원 전법선사의 3대 서원

오로지 정법만을 깨닫기 서원합니다.
입을 열면 정법만을 설하기 서원합니다.
중생이 다하는 그날까지 교화하기 서원합니다.

성불사 국제정맥선원 대웅전

성불사 국제정맥선원은

농선 대원 선사님께서 주석하시는 곳으로

대원 선사님의 지도하에 비구스님들이

직접 지은 도량이다.

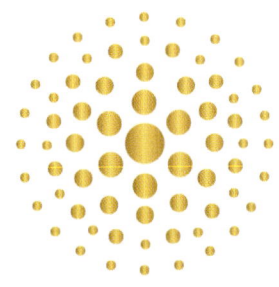

불교 8대 선언문

불교는 자신에게서 영생을 발견하게 한 유일한 종교이다.
불교는 자신에게서 모든 지혜를 발견하게 한 유일한 종교이다.
불교는 자신에게서 모든 능력을 발견하게 한 유일한 종교이다.
불교는 자신에게서 모든 것을 이루게 한 유일한 종교이다.
불교는 자신에게서 극락을 발견하게 한 유일한 종교이다.
불교는 깨달으면 차별 없어 평등하다는 유일한 종교이다.
불교는 모든 억압 없이 자신감을 갖게 한 유일한 종교이다.
불교는 그러므로 온 누리에 영원할 만인의 종교이다.

농선 대원 전법선사 주창

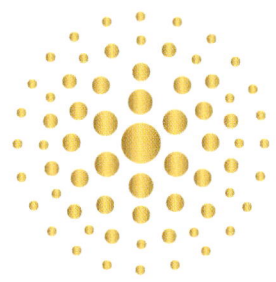

전세계의 불교계에서 통일시켜야 할 일

경전의 말씀대로 32상과 80종호를 갖춘 불상으로 통일해야 한다.

예불 드리는 법을 통일해야 한다.

불공의식을 통일해야 한다.

농선 대원 전법선사 주창

농선 대원 선사의 전등록 발간의 의의

　선문(禪文)이란 말 밖의 말로 마음을 바로 가리켜 깨닫게 하여 그 깨달은 마음 바탕에서 닦아 불지(佛地)에 이르게 하는 문(門)이다. 그러기에 지식이나 알음알이로는 헤아려 알 수 없는 것이어서 깨달아 증득하여 일체종지(一切種智)를 이룬 이가 아니고는 그 요지를 바로 보아 이끌어 줄 수 없다.

　지금 불교의 현실이 대본산 강원조차 이런 안목으로 이끌어 주는 선지식이 없어서 선종(禪宗) 최고의 공안집인 '전등록', '선문염송' 강의가 모두 폐강된 상황이다.
　이에 대원 선사님께서는 불조(佛祖)의 요지가 말이나 글에 떨어져 생사해탈의 길이 단질되는 것을 염려하여 깨달음의 법을 선리(禪理)에 맞게 바로 잡는 역경 작업에 혼신을 다하고 계신다.

　대원 선사님께서는 19세에 선운사 도솔암에서 활연대오한 후, 대선지식과의 법거량에서 한 치의 주저함도 없이 명쾌하게 응대하시니 당시 12대 선지식들께서 탄복해 마지않으셨다. 경봉 선사님과 조계종 지혜제일 전강 선사님과의 문답만을 보더라도 취모검과 같은 대원 선사님의 선지를 엿볼 수 있다.

맨 처음 통도사 경봉 선사님을 찾아뵈었을 때, 마침 늦가을 감나무에서 감을 따고 계신 경봉 선사님을 보자 감나무 주위를 한 번 돌고 서 있으니, 경봉 선사님께서 물으셨다.

"어디서 왔는가?"

"호남에서 왔습니다."

"무엇을 공부했는가?"

"선을 공부했습니다."

"무엇이 선이냐?"

"감이 붉습니다."

"네가 불법을 아는가?"

"알면 불법이 아닙니다."

위의 문답이 있은 후 경봉 선사님께서는 해제 법문을 대원 선사님께 맡기셨으나 대원 선사님께서는 아직 그럴 때가 아니라 여겨져 그 이튿날인 해제일 새벽 직전에 통도사를 떠나와 버리셨다.

또 광주 동광사에서 처음 전강 선사님을 뵈었을 때, 20대 초면의 젊은 승려인 대원 선사님께 전강 선사님께서 대뜸 '달마불식 도리'를 일러보라 하셨다. 대원 선사님께서 아무 말없이 다가가 전강 선사님의 목에 있는 점 위의 털을 뽑아 버리고 종무소로 가니, 전강 선사님께서 "여기 사람 죽이는 놈이 있다."하며 종무소까지 따라오다 방장실로 돌아가셨다.

그 이후 대원 선사님께서 군산 은적사에서 전강 선사님을 시봉하며 모시고 계실 때, 전강 선사님께서 또 물으셨다.

"공적의 영지를 일러라."

"이러-히 스님과 대담합니다."

"영지의 공적을 일러라."

"스님과 대담에 이러-합니다."

"이러-한 경지를 일러라."

"명왕은 어상을 내리지 않고 천하일에 밝습니다."

대원 선사님의 답에 전강 선사님께서는 희색이 만면해서 고개를 끄덕이며 당신 처소로 돌아가셨다.

이에 그치지 않고 전강 선사님께서 대구 동화사 조실로 계실 때, 대원 선사님께 말씀하셨다.

"대중늘이 지네를 산으로 불러내어 그 중에 법성(조계종 종정 진제 스님)이 달마불식 도리를 일러보라 했을 때 '드러났다'라고 답했다는데, 만약에 자네가 양무제였다면 '모르오'라고 이르고 있는 달마 대사에게 어떻게 했겠는가?"

"제가 양무제였다면 '성인이라 함도 설 수 없으나 이러-히 짐의 덕화와 함께 어우러짐이 더욱 좋지 않겠습니까?' 하며 달마 대사의 손을 잡아 일으켰을 것입니다."

그러자 전강 선사님께서 탄복하며 말씀하셨다.

"어느새 그 경지에 이르렀는가?"

"이르렀다곤들 어찌하며 갖추었다곤들 어찌하며 본래라곤들 어찌하리까? 오직 이러-할 뿐인데 말입니다."

대원 선사님의 대답에 전강 선사님께서 크게 기뻐하셨다.

이와 같이 대원 선사님께서는 20대 초반에 이미 어떤 선지식의 물음에도 전광석화와 같이 답하셨으며 그 법을 씀이 새의 길처럼 흔적 없는 가운데 자유자재하셨다.

깨달음의 방편에 있어서는 육조 대사께서 마주 앉은 자리에서 사람들을 깨닫게 하셨듯이, 제자들을 제접해 직지인심(直指人心)으로 스스로의 마음에 사무쳐 들게 하여 근기에 따라 보림해 갈 수 있도록 이끌어주시니, 꺼져가는 정법의 기치를 바로 일으켜 세움이라 하겠다.

또한 선지식이라면 이변(理邊)에서 뿐만이 아니라 사변(事邊)에서도 먼 안목으로 인류가 무엇을 어떻게 대비하며 살아가야 할지를 예언하고 이끌어 주어야 한다고 하셨다.

그래서 1962년부터 주창하시기를, 전 세계가 21세기를 '사막 경영의 시대'로 삼아 사막화된 지역에 '사막 해수로 사업'을 하여 원하는 지역의 기후를 조절해야 하고, 자원을 소모하는 발전소 대신 파도, 태양열, 풍력 등의 대체 에너지와 무한 원동기를 개발해야 한다고 하셨다. 또, 도로를 발전소화하여 전기를 생산하는 방법 등을 구체적으로 제안하시고, 천재지변을 대비하여 각자의 집에서 농사를 짓는 '울안의 농법'을 연구하시는 등 만인이 더 나은 삶을 살 수 있는 길을 끊임없이 일러 주고 계신다.

  이와 같이 대원 선사님께서는 일체종지를 이룬 지혜로, '참나를 깨달아 마음이 내가 된 삶'을 위한 깨달음의 법으로부터 닥쳐오는 재난을 막고 지구를 가장 살기 좋은 세상으로 만드는 방편까지 늘 그 방향을 제시하고 계신다.

  한편, 불교의 최고 경전인 '화엄경 81권'을 완간하여 불보살님의 불가사의한 화엄세계를 열어 보이셨으며, 선문 최대의 공안집인 '선문염송 30권' 1,463칙에 대하여 석가모니 부처님 이래 최초로 전 공안을 맑은 물 밑바닥 보듯이 회통쳐 출간하셨다.

  이제 대원 선사님께서는 7불과 역대 조사들의 깨달음의 진수가 담긴 '전등록 30권'을 그런 혜안(慧眼)으로 조사마다 선리의 토끼뿔을 더해 닦아 증득할 수 있도록 밝혀 보이셨다. 그리하여 생사윤회길을 헤매는 중생들에게 해탈의 등불이 되고자 하셨으며, 불조(佛祖)의 정법이 후세에까지 끊어지지 않게 하여 부처님 은혜에 보답하고자 하셨다.

  부처님 가신 지 오래 되어 정법은 약하고 삿된 법이 만연한 지금, 중생이 다하는 날까지 중생을 구제하기 서원하는 대원 선사님과 같은 명안종사(明眼宗師)가 계심은 불보살님의 자비광명이 이 땅에 두루한 은덕이라 하겠다.

바로보인 불법 ㊸

전등록
傳燈錄

14

도서출판 문젠(구, 바로보인)은 정맥선원에서 운영하고 있습니다.

* 인제산(人濟山) 성불사(成佛寺) 국제정맥선원
  경기도 포천시 내촌면 소리개길 86-178 ☎ 031-531-8805
* 인제산(人濟山) 이문절 포천정맥선원
  경기도 포천시 내촌면 소리개길 86-123 ☎ 031-531-2433
* 백양산(白楊山) 자모사(慈母寺) 부산정맥선원
  부산시 동래구 아시아드대로 114번길 10 대륙코리아나 2층 212호 ☎ 051-503-6460
* 자모산(慈母山) 육조사(六祖寺) 청도정맥선원
  경북 청도군 매전면 동산리 산 50 ☎ 010-4543-2460
* 광암산(光巖山) 성도사(成道寺) 광주정맥선원
  광주광역시 광산구 삼도광암길 34 ☎ 062-944-4088
* 대통산(大通山) 대통사(大通寺) 해남정맥선원
  전남 해남군 화산면 송계길 132-98 중정마을 ☎ 061-536-6366

바로보인 불법 ㊸

전 등 록 14

초판 1쇄 펴낸날 단기 4354년, 불기 3048년, 서기 2021년 12월 30일

역   저 농선 대원 선사
펴 낸 곳 도서출판 문젠(Moonzen Press)
         11192, 경기도 포천시 내촌면 소리개길 86-178
         전화 031-534-3373 팩스 031-533-3387
신고번호 2010.11.24. 제2010-000004호

편집윤문출판 법심 최주희, 법운 정숙경
인디자인 전자출판 지일 박한재
한문원문대조 불장 곽병원
표 지 글 씨 춘성 박선옥
인   쇄 북크림

도서출판문젠 www.moonzenpress.com
정 맥 선 원 www.zenparadise.com
사막화방지국제연대(IUPD) www.iupd.org

ⓒ 문재현, 2021. Printed in Seoul, Republic of Korea
값 15,000원
ISBN 978-89-6870-614-1
ISBN 978-89-6870-600-4 04220(전30권)

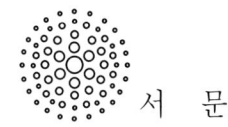 서 문

    전등록은 말 없는 말이며 말 밖의 말이라서 학식이나 재치만으로는 번역이 실로 불가능한 일이다. 그러기에 육조단경(六祖壇經)을 보면 법화경을 삼천 번이나 독송한 법달(法達)은 글 한 자 모르시는 육조(六祖)께 경의 뜻을 물었고, 글을 모르시는 육조께서는 법화경의 바른 뜻을 설파하셔서 법달을 깨닫게 하신 것이다.
    그런데 하루는 본인에게 법을 물으러 다니시던 부산의 목원 하상욱 본연님이 오셔서 시중에 나온 전등록 번역본 두세 가지를 보이시며 범인인 당신에게도 부처님과 조사님들의 본래 뜻에 맞지 않는 대문이 군데군데 눈에 뜨인다며 바른 의역의 필요성을 절감한다고 하셨다. 그 후로 전등록 번역을 바로 해주십사 하는 간청이 지극하여 비록 단문하나 이 일을 시작하게 되었다.
    부처님과 조사님들의 근본 뜻에 어긋남이 없게 하기 위해 노력하였으나 약속한 기간 내에 해내기란 실로 벅찬 일이어서 혹시 미비한 점이 없지 않으리니 강호 제현의 좋은 지적이 있기를 바란다.

불법(佛法)이란 본자연(本自然)이라 누가 설(說)하고 누가 듣고 배울 자리요만 그렇지 못한 이가 또한 있어서 부처님과 조사님들의 허물이 생기는 것이다.

어떤 것이 부처인고?
화분의 빨간 장미니라.

이 가운데 남전(南泉) 뜰꽃 도리(道理)며 한산(寒山) 습득(拾得)의 웃음을 누릴진저.

단기(檀紀) 4354년
불기(佛紀) 3048년
시기(西紀) 2021년

무등산인 농선 대원 분향근서
(無等山人 弄禪 大圓 焚香謹書)

양억(楊億)의 경덕전등록 서문

석가모니께서 일찍이 연등 부처님의 수기를 받아, 현겁(賢劫)의 보처(補處)가 되어 이 땅에 탄강하시고 법을 펴서 교화하시기가 49년이었으니 방편과 진리, 돈오(頓悟)와 점수(漸修)의 문호를 여시고, 헤아릴 수 없이 많은 다양한 교법을 내려 주셨다.

근기(根機)에 따라 진리를 깨닫게 하신 데서 삼승(三乘)의 차별이 생겼으니, 사물에 접하는 대로 중생을 이롭게 하여 한량없는 중생을 제도하셨다. 그 자비는 넓고 컸으며 그 법식(法式)은 두루 갖추어져 있었다.

쌍림(雙林)에서 열반에 드실 때 가섭(迦葉)에게만 유촉하신 것이 차츰차츰 전하여 달마에 이르러서 비로소 문자를 세우지 않고 마음의 근원을 곧바로 보이게 되었으니, 차례를 밟지 않고 당장에 부처의 경지에 오르게 되어 다섯 잎[1]이 비로소 무성하고 천 개의 등불[2]이 더욱 찬란하여서, 보배 있는 곳에 이른 이는 더욱 많고, 법의 바퀴를 굴린 이도 하나가 아니었다.

부처님께서 부촉하신 종지와 정법안장(正法眼藏)이 유통되는 도리는 교리 밖에서 따로 행해지는 불가사의(不可思議)한 것이다.

태조(太祖)께서 거룩하신 무력으로 전란을 진압하신 뒤에 사찰을 숭상하여 제도의 문을 활짝 여셨고, 태종(太宗)께서 밝으신 변재로 비밀한 법을 찬술하시어 참된 이치를 높이셨으며, 황상(皇上)[3]께서 높으신 학덕으로 조사의 뜻을 이어 거룩한 가르침에 머릿말을 쓰셔 종풍(宗風)을 잇게 하시니, 구름 같은 문장이 진리의 하늘에 빛나고, 부처의 황금같은 설법

---

1) 다섯 잎 : 중국 선종의 2조 혜가로부터 6조 혜능에 이르는 다섯 조사를 말한다.
2) 천 개의 등불 : 중국에 선법(禪法)이 전해진 이후 등장한 수많은 견성도인들을 말한다.
3) 황상(皇上) : 송의 진종(眞宗)을 말한다.

이 깨달음의 동산에 펼쳐졌다.
 대장경의 말씀에 비밀히 계합하고, 인도로부터의 법맥이 번창하니, 뭇 선행을 늘리는 이가 더욱 많아졌고, 요의(了義)[4]를 전하는 사람들이 간간이 나타나서 원돈(圓頓)의 교화가 이 지역에 퍼졌다.
 이에 동오(東吳)의 승려인 도원(道原)이 선열(禪悅)의 경지에 마음을 모으고, 불법의 진리를 샅샅이 찾으며, 여러 세대의 조사 법맥을 찾고, 제방의 어록(語錄)을 모아 그 근원과 법맥에 차례를 달고, 말씀들을 차례차례 엮되, 과거 7불로부터 대법안(大法眼)의 문도에 이르기까지 무릇 52세대, 1,701인을 수록하여 30권으로 만들어 경덕전등록이라 하여 대궐로 가지고 와서 유포해 주기를 청하였다.
 황상께서는 불법을 밖으로부터 보호하고자 하시고, 승려들의 부지런함을 가상히 여겨 마음가짐을 신중히 하고 생각을 원대히 하여 좌사간(左司諫) 지제고(知制誥) 양억(楊億)과 병부원외랑(兵部員外郞) 지제고(知制誥) 이유(李維)와 태상승(太常丞) 왕서(王曙) 등을 불러 교정케 하시니, 신(臣) 등은 우매하여 삼학(三學)[5]의 근본 뜻을 모르고 5성(五性)[6]의 방편에 어두우며, 훌륭한 번역 솜씨도 없고, 비야리 성에서 보인 유마 거사의 묵언(黙然) 도리[7]에도 둔하건만 공손히 지엄하신 하명(下命)을 받들어 감히 끝내 사양하지 못하였다.
 그 저술된 내용을 두루 살펴보면 대체로 진공(眞空)[8]으로써 근본을 삼고 있고, 옛 성인께서 도에 들던 인연을 서술할 때나 옛 사람이 진리를 깨달은 이야기를 표현할 때엔 근기와 인연의 계합함이 마치 활쏘기와 칼쓰

---

4) 요의(了義) : 일을 다 마친 도리, 깨달아서 깨달음마저 두지 않는 경지를 말한다.
5) 삼학(三學) : 계(戒), 정(定), 혜(慧).
6) 5성(五性) : 법상종의 용어. 일체중생의 근기를 다섯 성품으로 나누어서 성불할 근기와 성불하지 못할 근기로 나누었다.
7) 유마 거사의 묵연 도리 : 유마 거사가 비야리성에서 그를 문병하러 온 문수보살과 법담을 할 때 잠자코 말이 없음으로 불이(不二)의 도리를 드러내 보인 일을 말한다.
8) 진공(眞空) : 색(色)이니 공(空)이니를 초월해서 누리는 경지.

기가 알맞는 것 같아 지혜가 갖추어진 데서 광명을 내어, 채찍 그림자만 보고도 달리는 말과 같은 상근기자(上根機者)들에게 널리 도움이 되고 있다.

후학(後學)들을 인도함에는 현묘한 진리를 드날리고 있고, 다른 이야기를 가져올 때에는 출처를 밝히고 있으며, 다듬어지지 않은 부분도 많으나 훌륭한 부분도 찾아볼 수 있었다. 모든 대사들이 대중에게 도리를 보일 때에 한결같은 소리로 펼쳐 보이고 있으니 영특한 이가 귀를 기울여 듣는다면 무수한 성인들이 증명한다 할 것이다. 개괄해서 들추어도 그것이 바탕이어서 한군데만 취해도 그대로가 옳다.

만일 별달리 더 붓을 댄다면 그 돌아갈 뜻을 잃을 것이다. 중국과 인도에서의 말이 이미 다르지 않은데 자칫하면 구슬에다 무늬를 새기려다 보배에 흠집을 낼 우려가 있기에, 이런 종류는 모두 그대로 두었다. 더욱이 일은 실제로 행한 것만을 취해 기록하여 틀림없이 잘 서술했으나 말이란 오래도록 남아 전해지는 까닭에 전혀 문장을 다듬지 않을 수는 없었다.

어떤 사연을 기록할 때엔 그 자취를 자세히 하였고 말이 복잡해지거나 이야기가 저속한 것이 있으면 모두 삭제하되 문맥이 통하게 하였다.

유교(儒敎)의 대신이나 거사(居士)의 문답에 이르러 벼슬자리와 성씨가 드러난 이는 연대와 역사에 비추어 잘못을 밝히고, 사적(史籍)에 따라 틀린 점을 바로잡아 믿을 만한 전기가 되게 하였다.

만일 바늘을 던져 맞추듯 한 치의 어긋남 없이 도리를 밝히는 일이 아니거나, 번갯불이 치듯 빠른 기틀을 내보이는 일이 아니거나, 묘하게 밝은 참 마음을 보이는 일이 아니거나, 고(苦)와 공(空)의 깊은 이치를 조사(祖師)의 뜻 그대로 기술(記述)하는 일이 아니라면, 어떻게 등불을 전한다는 전등(傳燈)이라는 비유에 계합(契合)하는 그 극진한 공덕을 베풀 수 있었겠는가?

만일 감응(感應)한 징조만을 서술하거나 참문하고 행각한 자취만을 기록한다 할 것 같으면 이는 이미 승사(僧史)에 밝혀져 있는 것이니, 어째서 선가(禪家)의 말씀을 굳이 취하겠는가? 세대와 계보의 명칭을 남긴 것만이 아니라 스승과 제자가 이어지는 근거를 널리 기록하였다.

  그러나 옛날 책에 실린 것을 보면 잘 다듬어지지 않은 내용을 수록하고 잘 다듬어진 것은 버린 일이 있는데, 다른 기록에 남아 있으면 해당하는 문장을 찾아 보완하고, 더욱 널리 찾아서 덧붙이기도 하였다. 또한 서문과 논설에 이르러 혹 옛 조사(祖師)의 문장이 아닌 것이 사이사이 섞이어 공연히 군소리가 되었으면 모두 간추려서 다 깎아버렸으니, 이같이 하여 1년 만에 일이 끝났다.

  저희 신(臣)들은 성품과 식견이 우둔하고, 학문이 넓지 못하고, 기틀이 본래 얕고, 문장력은 부족하여 묘한 도리가 사람에게 달렸다고는 하나 마음에서 떠난 지 오래되고 깊은 진리를 나타내는 말이 세속에서 단절되어, 담벽을 마주한 듯 갑갑하게 지낸 적이 많았다. 과분하게도 추천해 주시는 은혜를 받았으나 아무 힘도 발휘하지 못했다. 편찬하는 일이 이미 끝났으므로 이를 임금님께 바친다. 그러나 임금님의 뜻에 맞지 않아, 임금님께서 거룩히 살펴보시는 데에 공연히 누만 끼치는 것이 아닌가 한다. 삼가 바친다.

                                한림학사조산대부행좌사간지제고동
                                  수국사판사관사주국남양군개국후식읍
                                  1천백호사자금어대신 양억 지음

景德傳燈錄序 昔釋迦文。以受然燈之夙記當賢劫之次補。降神演化四十九年。開權實頓漸之門。垂半滿偏圓之教。隨機悟理。爰有三乘之差。接物利生。乃度無邊之眾。其悲濟廣大矣。其軌式備具矣。而雙林入滅。獨顧於飲光。屈眴相傳。首從於達磨。不立文字直指心源。不踐楷梯徑登佛地。逮五葉而始盛。分千燈而益繁。達寶所者蓋多。轉法輪者非一。蓋大雄付囑之旨。正眼流通之道。教外別行不可思議者也。

聖宋啟運人靈幽贊。太祖以神武戡亂。而崇淨刹。闢度門。太宗以欽明禦辯。而述祕詮。暢真諦。皇上睿文繼志而序聖教繹宗風。煥雲章於義天。振金聲於覺苑。蓮藏之言密契。竺乾之緒克昌。殖眾善者滋多。傳了義者間出。圓頓之化流於區域。有東吳僧道原者。冥心禪悅。索隱空宗。披弈世之祖圖。采諸方之語錄。次序其源派。錯綜其辭句。由七佛以至大法眼之嗣。凡五十二世。一千七百一人。成三十卷。目之曰景德傳燈錄。詣闕奉進冀於流布。

皇上爲佛法之外護。嘉釋子之勤業。載懷重慎。思致悠久。乃詔翰林學士左司諫知制誥臣楊億。兵部員外郎知制誥臣李維。太常丞臣王曙等。同加刊削。俾之裁定。臣等昧三學之旨迷五性之方。乏臨川翻譯之能。慚毘邪語默之要。恭承嚴命。不敢牢讓。竊用探索匪遑寧居。考其論譔之意。蓋以真空爲本。將以述曩聖入道之因。標昔人契理之說。機緣交激。若拄於箭鋒。智藏發光。旁資於鞭影。

誘道後學。敷暢玄猷。而招撫之來。徵引所出。糟粕多在。油素可尋。其有大士。示徒。以一音而開演。含靈聳聽。乃千聖之證明。屬概舉之是資。取少分而斯可。若乃別加潤色失其指歸。既非華竺之殊言。頗近錯雕之傷寶。如此之類悉仍其舊。況又事資紀實。必由於善敘。言以行遠。非可以無文。其有標錄事緣。縷詳軌跡。或辭條之紛糾。或言筌之猥俗。並從刊削。俾之綸貫。

至有儒臣居士之問答。爵位姓氏之著明。校歲歷以愆殊。約史籍而差謬。鹹用刪去。以資傳信。自非啟投針之玄機。馳激電之迅機。開示妙明之真心。祖述苦空之深理。即何以契傳燈之喻。施刮膜之功。若乃但述感應之徵符。專敘參遊之轍跡。此標於僧史。亦奚取於禪詮。聊存世系之名。庶紀師承之自然而舊錄所載。或掇粗而遺精。別集具存。當尋文而補闕。率加采摭。爰從附益。逮於序論之作。或非古德之文。問廁編聯徒增楦釀（楦釀二字出唐張燕公文集。謂冗長也）亦用簡別多所屏去。汔茲周歲方遂終篇。臣等性識媿於冥煩。學問慚於涉獵。天機素淺。文力無餘。妙道在人。雖刻心而斯久。玄言絕俗。固牆面以居多。濫膺推擇之私。靡著發揮之效。已克終於紬繹。將仰奉於清間。莫副宸襟空塵睿覽。謹上。

翰林學士朝散大夫行左司諫知制誥同
修國史判史館事柱國南陽郡開國侯食邑
一千百戶賜紫金魚袋臣楊億 撰

승려 희위(希渭)의 경덕전등록 재발간사

　　호주로(湖州路) 도량산(道場山) 호성만세선사(護聖萬歲禪寺)의 늙은 중 희위(希渭)는 본관이 경원로(慶元路) 창국주(昌國州)이며 성은 동(董)씨다.
　　어릴 때부터 고향의 성에 있는 관음선사(觀音禪寺)에 가서 절조(絶照) 화상을 스승으로 삼았고, 법명(法名)을 받게 되어 자계현(慈溪縣) 개수(開壽)의 보광선사(普光禪寺)에 가서 용원(龍源) 화상에 의해 머리를 깎고 중이 되었다.
　　그대로 오대율사(五臺律寺)로 가서 설애(雪涯) 화상에게 구족계를 받은 뒤에 짐을 꾸려 서쪽으로 향해 행각을 떠나 수행을 하다가 나중에 다시 은사이신 용원 화상을 만나 이 산으로 옮겨 왔다.
　　스승을 따라 배움에 참여하고 이로움을 구한 지 벌써 여러 해가 되었다. 항상 스승의 은혜를 생각하면서도 갚을 기회가 없었다. 그런데 삼가 윗대로부터의 부처와 조사들을 수록한 경덕전등록 30권을 보니 7불로부터 법안(法眼)의 법사(法嗣)에 이르기까지 전부 52세대(世代)인데, 경덕(景德)에서 연우(延祐) 병진년에 이르기까지 317년이나 지나서 옛 판본이 다 썩어버려 남아있지 않기 때문에 후학들이 보고 싶어도 볼 수가 없었다. 이에 발심하여 다시 간행한다.
　　홀연히 내 고향에 있는 천성선사(天聖禪寺)의 송려(松廬) 화상이 소장하고 있던, 여산(廬山)의 은암(隱庵)에서 찍은 옛 책이 가장 보존이 잘 된 상태로 입수되었는데, 아주 내 마음에 들었다. 마침내 병진(丙辰)년 정월 10일에 의발 등속을 모두 팔아 1만 2천여 냥을 얻었다. 그날 당장에 공인(工人)에게 간행할 것을 명하여 조사의 도리가 세상에 유포되게 하였다. 이 책은 모두 36만 7천 9백 17자이다. 그해 음력 12월 1일에야 공인의 작업이 끝났다.

당장에 300부를 인쇄하여 전당강(錢塘江) 남북지역과 안중(安衆)지역[9]의 여러 명산(名山)의 방장(方丈)[10]과 몽당(蒙堂)[11]과 여러 요사(寮舍)[12]에 한 부씩을 비치케 하여 온 세상의 도를 분변(分辨)하는 참선납자(參禪衲子)들이 참구하기에 편하도록 하였다. 이를 잘 이용하여 사은(四恩)[13]을 갚고 아울러 삼유(三有)의 중생[14]에게도 도움이 되기 바란다.

대원(大元) 연우(延祐) 3년[15] 음력 12월 1일
늙은 중 희위(希渭)가 삼가 쓰고
젊은 비구 문아(文雅)가 간행을 감독하고
주지 비구 사순(士洵)이 간행하다.

---

9) 두 지역은 희위 스님의 고향인 호주(湖州)와 비교적 인접한 지역들이다.
10) 방장(方丈) : 절의 주지가 거처하는 방. 지금은 견성한 이가 아니더라도 주지를 맡고 있으나 그 당시에는 견성한 도인이라야 그 절의 주지를 맡았다. 따라서 방장에는 대체로 법이 높은 스님이 기거하는 경우가 대부분이었다.
11) 몽당(蒙堂) : 승사(僧寺)의 일에서 물러난 사람이 거처하는 방.
12) 요사(寮舍) : 절에서 대중이 숙식하는 방.
13) 사은(四恩) : 보시(布施), 자애(慈愛), 화도(化導), 공환(共歡)의 네가지 시은(施恩), 또는 부모(父母), 중생(衆生), 국왕(國王), 삼보(三寶)의 네가지 지은(知恩).
14) 삼유(三有)의 중생 : 욕계(慾界), 색계(色界), 무색계(無色界)의 삼계(三界)를 유전하는 미혹한 중생.
15) 서기 1316년.

차 례

서문 35
양억(楊億)의 경덕전등록 서문 37
승려 희위(希渭)의 경덕전등록 재발간사 42
일러두기 48
14권 법계보 49

청원(靑原) 행사(行思) 선사의 1세 2세 3세 법손(法孫) 53

행사(行思) 선사의 제1세 55
   석두(石頭) 희천(希遷) 대사 55

행사(行思) 선사의 제2세
앞의 남악(南嶽) 석두(石頭) 희천(希遷) 대사의 법손 64
   형주(荊州) 천황(天皇) 도오(道悟) 선사 64

경조(京兆) 시리(尸利) 선사　73
　　등주(鄧州) 단하(丹霞) 천연(天然) 선사　75
　　담주(潭州) 초제(招提) 혜랑(慧朗) 선사　86
　　장사(長沙) 흥국사(興國寺) 진랑(振朗) 선사　89
　　예주(澧州) 약산(藥山) 유엄(惟儼) 선사　91
　　담주(潭州) 대천(大川) 화상　111
　　분주(汾州) 석루(石樓) 화상　114
　　봉상부(鳳翔府) 법문사(法門寺) 불타(佛陀) 화상　117
　　담주(潭州) 화림(華林) 화상　119
　　조주(潮州) 대전(大顚) 화상　121
　　담주(潭州) 유현(攸縣) 장자(長髭) 광(曠) 선사　127
　　수공(水空) 화상　130

행사(行思) 선사의 제3세
형주(荊州) 천황(天皇) 도오(道悟) 선사의 법손　132
　　예주(澧州) 용담(龍潭) 숭신(崇信) 선사　132

등주(鄧州) 단하산(丹霞山) 천연(天然) 선사의 법손　138
　　경조(京兆) 종남산(終南山) 취미(翠微) 무학(無學) 선사　138
　　단하산(丹霞山) 의안(義安) 선사(제2세 주지)　142
　　길주(吉州) 성공(性空) 선사　144
　　본동(本童) 화상　146
　　미창(米倉) 화상　148

약산(藥山) 유엄(惟儼) 선사의 법손 150
    담주(潭州) 도오산(道吾山) 원지(圓智) 선사 150
    담주(潭州) 운암(雲巖) 담성(曇晟) 선사 164
    화정(華亭) 선자(船子) 화상 176
    선주(宣州) 비수(椑樹) 혜성(慧省) 선사 179
    고(高) 사미 181
    악주(鄂州) 백안(百顏) 명철(明哲) 선사 187

담주(潭州) 장자(長髭) 광(曠) 선사의 법손 190
    담주(潭州) 석실(石室) 선도(善道) 화상 190

조주(潮州) 대전(大顚) 화상의 법손 198
    장주(漳州) 삼평산(三平山) 의충(義忠) 선사 198

담주(潭州) 대천(大川) 화상의 법손 203
    선천(僊天) 화상 203
    복주(福州) 보광(普光) 화상 206

색인표 209

부록1 농선 대원 선사님 인가 내력 219
부록2 농선 대원 선사님 법어 227
부록3 21세기에 인류가 해야 할 일 257
부록4 가슴으로 부르는 불심의 노래 261

일러두기

1. 대만에서 펴낸 『경덕전등록(景德傳燈錄)』(宋釋道原 編, 新文豐出版公司, 民國 75년, 1986년)에 의거해서 번역했으며 누락된 부분 없이 완역하였다.
2. 농선 대원 선사가 각 선사장마다 선리의 토끼뿔을 더하여 닦아 증득하는 데 도움이 되도록 하였다.
3. 뜻이 통하지 않는데도 오자가 아닐 때는 옛 한문 사전에서 그 조사 당시에 그 글자가 어떻게 쓰였는가를 찾아 번역하였다. 예를 들어 '還'자가 돌아올 '환'으로가 아니라 영위할 '영'으로 쓰여 뜻이 통한 경우에는 '영위하다' '누리다'로 의역하였다.
4. 선사들의 생몰연대는 여러 기록된 내용이 일치하지 않거나 미상으로 되어 있는 바가 많아, 각 선사 당시의 나라와 왕의 연대, 불교의 상황 등을 역사학자들이 전문적으로 연구하여 밝혀야 할 부분이 있기에, 이 책에서는 여러 자료와 연구 결과가 일치된 내용만을 주에서 표기하였다.
5. 첨가한 주의 내용은 불교에 대한 지식이 없는 이들도 선문답을 참구해 가는데 도움이 되도록 간략하게 달았으며, 주의 내용에 따라서는 사전적인 뜻보다는 선리(禪理)로서 그 뜻을 밝혀 마음에 비추어 참구할 수 있도록 하였다.

14권 법계보

길주(吉州) 청원산(靑原山) 행사(行思) 선사의 제1세 1인

- 남악(南嶽) 석두(石頭) 희천(希遷) 대사
  (이상 1인은 본문에 기록되어 있다. 원주)

길주(吉州) 청원산(靑原山) 행사(行思) 선사의 제2세 21인

남악(南嶽) 석두(石頭) 희천(希遷) 대사의 법손 21인
- 형주(荊州) 천황사(天皇寺) 도오(道悟) 선사
- 경조(京兆) 시리(尸利) 선사
- 등주(鄧州) 단하(丹霞) 천연(天然) 선사
- 담주(潭州) 초제(招提) 혜랑(慧朗) 선사
- 장사(長沙) 흥국사(興國寺) 진랑(振朗) 선사
- 예주(澧州) 약산(藥山) 유엄(惟儼) 선사
- 담주(潭州) 대천(大川) 화상
- 분주(汾州) 석루(石樓) 화상
- 봉상부(鳳翔府) 법문사(法門寺) 불타(佛陀) 화상
- 담주(潭州) 화림(華林) 화상
- 조주(潮州) 대전(大顚) 화상
- 담주(潭州) 유현(攸縣) 장자(長髭) 광(曠) 선사

14권 법계보

- 수공(水空) 화상
  (이상 13인은 본문에 기록되어 있다. 원주)
- 보통(寶通) 선사
- 해릉(海陵) 대변(大辯) 선사
- 저경(渚涇) 화상
- 형주(衡州) 도선(道詵) 선사
- 한주(漢州) 상청(常淸) 선사
- 복주(福州) 쇄석(碎石) 화상
- 상주(商州) 상령(商嶺) 화상
- 상주(商州) 의흥(義興) 화상
  (이상 8인은 본문에 기록되어 있지 않다. 원주)

길주(吉州) 청원산(靑原山) 행사(行思) 선사의 제3세 23인

형주(荊州) 천황(天皇) 도오(道悟) 선사의 법손 1인

- 예주(澧州) 용담(龍潭) 숭신(崇信) 선사
  (이상 1인은 본문에 기록되어 있다. 원주)

등주(鄧州) 단하산(丹霞山) 천연(天然) 선사의 법손 7인

- 경조(京兆) 종남산(終南山) 취미(翠微) 무학(無學) 선사
- 단하산(丹霞山) 의안(義安) 선사

14권 법계보

- 길주(吉州) 성공(性空) 선사
- 본동(本童) 화상
- 미창(米倉) 화상
  (이상 5인은 본문에 기록되어 있다. 원주)
- 양주(揚州) 육합(六合) 대은(大隱) 선사
- 단하산(丹霞山) 혜근(慧勤) 선사
  (이상 2인은 본문에 기록되어 있지 않다. 원주)

약산(藥山) 유엄(惟儼) 선사의 법손 10인

- 담주(潭州) 도오산(道吾山) 원지(圓智) 선사
- 담주(潭州) 운암(雲巖) 담성(曇晟) 선사
- 화정(華亭) 선자(船子) 덕성(德誠) 선사
- 선주(宣州) 비수(椑樹) 혜성(慧省) 선사
- 약산(藥山) 고(高) 사미
- 악주(鄂州) 백안(百顏) 명철(明哲) 선사
  (이상 6인은 본문에 기록되어 있다. 원주)
- 영주(郢州) 경원산(涇原山) 광복(光宓) 선사
- 약산(藥山) 기(夔) 선사
- 선주(宣州) 낙하(落霞) 화상
- 낭주(朗州) 자사(刺史) 이고(李翶)
  (이상 4인은 본문에 기록되어 있지 않다. 원주)

14권 법계보

담주(潭州) 장자(長髭) 광(曠) 선사의 법손 1인
- 담주(潭州) 석실(石室) 선도(善道) 화상
  (이상 1인은 본문에 기록되어 있다. 원주)

조주(潮州) 대전(大顚) 화상의 법손 2인
- 장주(漳州) 삼평산(三平山) 의충(義忠) 선사
  (이상 1인은 본문에 기록되어 있다. 원주)
- 길주(吉州) 서산(薯山) 화상
  (이상 1인은 본문에 기록되어 있지 않다. 원주)

담주(潭州) 대천(大川) 화상의 법손 2인
- 선천(僊天) 화상
- 복주(福州) 보광(普光) 화상
  (이상 2인은 본문에 기록되어 있다. 원주)

청원(靑原) 행사(行思) 선사의
1세 2세 3세 법손(法孫)

행사(行思) 선사의 제1세

석두(石頭) 희천(希遷) 대사

희천 대사[1]는 단주(端州)의 고요(高要) 사람으로 성은 진(陳)씨이다. 어머니는 처음 태기가 있을 때 오신채와 육식을 좋아하지 않았고, 대사는 어릴 적부터 보모를 번거롭게 하지 않았으며, 약관(弱冠)의 나이 20세가 되자 이미 의젓하였다.

고향의 소수민족들이 귀신을 두려워하여 자주 굿을 하고 제사를 지내면서 소를 잡고 술을 빚자, 대사는 달려가서 사당을 헐고 소를 빼앗아 가지고 돌아왔다. 그러기를 몇십 년 동안 계속하니 마을 노인들도 막지 못하였다.

行思禪師第一世。石頭希遷大師。端州高要人也。姓陳氏。母初懷妊不喜葷茹。師雖在孩提不煩保母。既冠然諾自許。鄕洞獠民畏鬼神多淫祀。殺牛釃酒習以為常。師輒往毀叢祠奪牛而歸。歲盈數十。鄕老不能禁。

---

1) 희천 대사(700 ~ 790).

나중에 곧장 조계(曹溪)로 가니, 6조 대사가 제도하여 제자로 삼았으나 구족계를 받기 전에 조사가 열반에 들었다. 조사의 유언에 따라 여릉(廬陵)의 청원산 행사 선사를 뵙고 정성을 다하여 그를 따랐다.[2)]

어느 날 행사 선사가 대사에게 물었다.

"어떤 사람이 영남(嶺南)에서 소식이 있었다 하더구나."

"어떤 사람 운운하지 마십시오."

"그렇다면 대장(大藏)과 소장(小藏)은 어디에서 왔는가?"

"모두가 이 속으로부터 말미암은 것이지만 끝내 조금도 다른 일은 없습니다."

행사가 깊이 긍정하였다.

당의 천보(天寶) 초에 형산(衡山)의 남사(南寺)로 천거되었는데, 절 동쪽에 좌대 같은 돌이 있어 그 위에 암자를 짓고 사니, 당시 사람들이 석두 화상이라 불렀다.

後直造曹谿。六祖大師度為弟子。未具戒屬祖師圓寂。稟遺命謁於廬陵青原山思禪師。乃攝衣從之(緣會語句如思禪師章敘之)。一日思問師曰。有人道嶺南有消息。師曰。有人不云云。曰若恁麼大藏小藏從何而來。師曰。盡從這裏去。終不少他事。思甚然之。師於唐天寶初薦之衡山南寺。寺之東有石狀如臺。乃結庵其上。時號石頭和尚。

---

2) 만남과 관련된 내용은 행사 선사장에 자세히 기록되어 있다. (원주)

어느 날 대사가 법상에 올라 말하였다.

"나의 법문은 윗대로부터 부처님께서 전해 주신 바로서 선정과 정진을 논하지 않는다. 오직 통달한 부처의 지견(知見)일 뿐이어서 마음 그대로가 부처이다. 마음과 부처와 중생, 보리와 번뇌는 이름은 다르나 본체는 하나이다.

그대들은 알아야 한다. 자기 마음의 신령한 본체는 단견(斷見)과 상견(常見)을 떠난 것으로서 성품은 더럽거나 깨끗한 것이 아니라, 가없이 이러-히 원만해서 범부와 성인이 한가지로 같고, 응용함이 끝이 없어 마음과 의식을 여의었다.

삼계 육도가 오직 스스로의 마음에서 나타난 것이니, 물속의 달과 거울에 비친 상이 어찌 생멸이 있으랴. 그대들이 알기만 하면 갖추지 못한 바가 없으리라."

師一日上堂曰。吾之法門先佛傳受[3]。不論禪定精進。唯達佛之知見。即心即佛。心佛眾生菩提煩惱名異體一。汝等當知。自己心靈體離斷常。性非垢淨。湛然圓滿。凡聖齊同。應用無方離心意識。三界六道唯自心現。水月鏡像豈有生滅。汝能知之無所不備。

---

3) 受가 원나라본에는 授로 되어 있다.

이때에 도오(道悟)라는 문인이 있다가 물었다.
"조계의 뜻을 누가 얻었습니까?"
"불법을 아는 사람이 얻었다."
"스님께서도 얻으셨습니까?"
"나는 불법이라는 것도 모른다."

어떤 승려가 물었다.
"어떤 것이 해탈입니까?"
대사가 말하였다.
"누가 그대를 속박했는가?"
또 물었다.
"어떤 것이 정토(淨土)입니까?"
"누가 그대를 더럽혔는가?"
"어떤 것이 열반입니까?"
"누가 그대에게 생사(生死)를 주던가?"

時門人道悟問。曹谿意旨誰人得。師曰。會佛法人得。曰師還得否。師曰。我不會佛法。僧問。如何是解脫。師曰。誰縛汝。又問。如何是淨土。師曰。誰垢汝。問如何是涅槃。師曰。誰將生死與汝。

대사가 새로 온 승려에게 물었다.

"어디서 왔는가?"

"강서에서 왔습니다."

"마(馬) 대사를 보았는가?"

"보았습니다."

대사가 마른 나무토막 하나를 가리키면서 말하였다.

"마 대사와 저것이 서로 어떠한가?"

승려가 대답을 못하다가 돌아가서 마 대사에게 말하니, 마 대사가 말하였다.

"그대는 그 나무토막이 얼마나 크게 보이던가?"

"한량없이 큽니다."

"그대는 매우 힘이 세구나."

"왜 그렇습니까?"

"그대가 남악에서 나무토막 하나를 지고 여기까지 왔으니, 어찌 힘이 세지 않은가?"

師問新到僧。從什麼處來。僧曰。江西來。師曰。見馬大師否。僧曰。見。師乃指一橛柴曰。馬師何似這箇。僧無對却迴擧似馬大師。馬曰。汝見橛柴大小。僧曰。勿量大。馬曰。汝甚有力。僧曰。何也。馬曰。汝從南嶽負一橛柴來豈不是有力。

어떤 승려가 물었다.
"어떤 것이 서쪽에서 온 뜻입니까?"
"돌기둥에게 물어 봐라."
"학인은 잘 모르겠습니다."
"나도 모르겠다."

대전(大顚)이 대사에게 물었다.
"옛사람이 도가 있다거나 없다거나 하면 두 가지 비방이 된다 말했으니, 스님께서 제거해 주십시오."
"한 물건도 없는데 무엇을 제거하랴."
대사가 다시 물었다.
"목구멍과 입술을 막고 말해 봐라."
대전이 대답하였다.
"그런 것도 없습니다."
"그렇다면 그대는 문에 듦을 얻었다."

問如何是西來意。師曰。問取露柱。曰學人不會。師曰。我更不會。大顚問師。古人云道有道無是二謗。請師除。師曰。一物亦無除箇什麼。師却問。併却咽喉脣吻道將來。顚曰。無這箇。師曰。若恁麼即汝得入門。

도오가 물었다.

"어떤 것이 불법의 대의입니까?"

"얻는 것도 아니요, 아는 것도 아니다."

"모든 것을 초월했다는 것마저 세우지 않는 경지에도 구를 곳이 있습니까?"

"넓은 허공에 걸림 없이 나르는 흰 구름이랄까."

"어떤 것이 선(禪)입니까?"

"벽돌이니라."

"어떤 것이 도입니까?"

"나무토막이니라."

이 밖에도 문도들에게 뜻을 알게 한 온갖 문답은 각각 본장(本章)에 나와 있다. 대사가 '참동계(參同契)' 한 편을 지었는데, 문장이 깊고 부드러워 주석을 낸 이가 많게 되어 세상에 널리 퍼졌다.

道悟問。如何是佛法大意。師曰。不得不知。悟曰。向上更有轉處也無。師曰。長空不礙白雲飛。問如何是禪。師曰。碌磚。又問。如何是道。師曰。木頭。自餘門屬領旨所有問答各於本章出焉。師著參同契一篇。辭旨幽濬頗有注解大行於世。

남악의 귀신들이[4] 많이 자취를 나투어 법을 들었는데, 대사가 모두 계를 주었다.

광덕(廣德) 2년에 문인(門人)들이 양단(梁端)에 내려오기를 청하니, 현묘한 교화를 널리 드날렸다. 당시 강서의 주인은 대적(大寂)이요, 호남(湖南)의 주인은 석두로서 문인들은 두 대사의 문하를 끊임없이 서로 왕래하며 수행하였다.

정원(貞元) 6년 12월 25일에 입적하니, 수명은 91세이고, 법랍은 63세였다. 문인들이 동령(東嶺)에다 탑을 세웠는데 장경(長慶) 때에 무제 대사(無際大師)라 시호를 내렸고, 탑호는 견상(見相)이라 하였다.

南嶽鬼神多顯迹聽法。師皆與授戒。廣德二年門人請下於梁端。廣闡玄化。江西主大寂。湖南主石頭。往來憧憧並湊二大士之門矣。貞元六年庚午十二月二十五日順世。壽九十一。臘六十三。門人建塔於東嶺。長慶中諡無際大師。塔曰見相。

---

4) 여기서 귀신(鬼神)이라는 것은 요즘 일반 사람들이 말하는 귀신을 말함이 아니라, 보통 사람을 능가하는 수행력을 가진 분들을 일컫는다.

 토끼뿔

"목구멍과 입술을 막고 말해 봐라." 했을 때

대원은 "잘못한다 마십시오." 하리라.

행사(行思) 선사의 제2세
앞의 남악(南嶽) 석두(石頭) 희천(希遷) 대사의 법손

형주(荊州) 천황(天皇) 도오(道悟) 선사

　　도오 선사[5]는 무주(婺州) 동양(東陽) 사람으로 성은 장(張)씨이다. 생김새가 특출 나고 어릴 적에는 나면서부터 도(道)를 알았으며 자라서는 신수가 준수하였다. 나이 14세에 출가할 뜻을 간절히 말했으나 부모가 허락하지 않으니, 맹세하는 뜻을 세워 음식을 줄여 하루에 겨우 한 끼니만을 먹고 몸이 몹시 쇠약해지자, 부모가 마지못해 허락을 하였다.

　　行思禪師第二世。前南嶽石頭希遷法嗣。荊州天皇道悟禪師。婺州東陽人也。姓張氏。神儀挺異。幼而生知。長而神俊。年十四懇求出家父母不聽。遂誓志損減飲膳。日纔一食形體羸悴。父母不得已而許之。

---

5) 도오 선사(748 ~ 807).

명주(明州) 대덕에 의해 머리를 깎았으며, 25세에 항주(杭州)의 죽림사(竹林寺)에서 구족계를 받고 정성껏 범행을 닦으니, 당시 사람들이 용맹(勇猛)하다고 추앙하였다.

어떤 때는 바람 불고 비 오는 어두운 밤에 무덤 사이에 편안히 앉으니, 몸과 마음이 고요하고 안정되어 온갖 두려움을 여의었다.

어느 날 여항(餘杭)에 갔다가 먼저 경산(徑山) 국일(國一) 선사를 뵙고 마음의 법을 받은 뒤에 다섯 해 동안 부지런히 섬기었고, 당의 대력(大歷) 때에 종릉(鍾陵)에 가서 마조 대사를 뵙고 먼저 얻은 법을 거듭 인증 받으니 다른 법이 없었다.

거기서 다시 2년을 살다가 석두(石頭) 희천(希遷) 대사를 뵙고 이렇게 물었다.

"정혜(定慧)를 떠나서 어떤 법으로 사람에게 보이십니까?"

석두가 말하였다.

"나의 이 속에는 하인이 없거늘 무엇을 여읠 것인가?"

"어떻게 해야 밝게 얻겠습니까?"

依明州大德披削。二十五杭州竹林寺具戒精修梵行。推爲勇猛。或風雨昏夜宴坐丘塚。身心安靜離諸怖畏。一日遊餘杭首謁徑山國一禪師。受心法服勤五載。唐大歷中抵鍾陵造馬大師。重印前解法無異說。復住二夏。乃謁石頭遷大師而致問曰。離却定慧以何法示人。石頭曰。我這裏無奴婢離箇什麽。曰如何明得。

석두가 말하였다.

"그대는 허공을 붙잡을 수 있겠는가?"

대사가 말하였다.

"그렇기에 바로 오늘도 쫓아가는 것이 없습니다."

"그대는 요사이 어디서 왔는가?"

"도오(道悟)는 어디 사람이 아닙니다."

"나는 벌써 그대가 온 곳을 알고 있다."

"대사는 어째서 훔친 물건으로 사람을 속이십니까?"

"그대의 몸이 드러나 있기 때문이다."

"비록 그러하나 구경에는 어떻게 뒷사람들에게 보이시겠습니까?"

"그대는 누구를 뒷사람이라 하는가?"

대사가 여기에서 단박에 깨닫고 나니, 앞의 두 종사의 언하에서 얻은 마음이 자취도 없이 사라졌다. 나중에 형주(荊州) 당양(當陽)의 시자산(柴紫山)6)에 자리를 잡으니, 학도(學徒)들이 끊임없이 따랐고 고을의 남녀가 바람에 쏠리듯 모여들었다.

石頭曰。汝還撮得空麼。曰恁麼卽不從今日去也。石頭曰。未審汝早晚從那邊來。曰道悟不是那邊人。石頭曰。我早知汝來處。曰師何以贓誣於人。石頭曰。汝身見在。曰雖如是畢竟如何示於後人。石頭曰。汝道阿誰是後人。師從此頓悟。於前二哲匠言下有所得心罄殫其跡。後至於荊州當陽柴紫山(五百羅漢翶翔之地也)。學徒依附駕肩接跡。都人士女嚮風而至。

---

6) 오백나한이 날아서 넘나드는 지역이다. (원주)

이때에 숭업사(崇業寺)의 상수(上首)가 글을 올려 상황을 보고하니 태수(太守)가 고을로 맞아들였다. 성의 왼쪽에 천황사(天皇寺)라는 유명한 절이 있었는데 화재로 인하여 없어졌다. 절 주지인 영감(靈鑒)이란 승려가 복구할 생각을 하면서 말하였다.

"만일 도오 선사가 화주가 되어 준다면 내 소원은 필연코 이루어지리라."

그러고는 밤중에 숨어 들어가서 간곡히 청한 뒤에 대사를 업고 오니, 이로 인하여 천황사에 살게 되었다.

이때에 강릉(江陵) 군수이며 우복사(右僕射)인 배공(裵公)이 머리를 조아리고 법을 물었는데 정성이 지극하였다. 대사는 원래 맞이하고 전송하는 일이 없이 귀하고 천한 사람을 막론하고 모두 앉아서 읍(揖)을 하니, 배공이 더욱 소중히 여겼다. 이 까닭에 석두의 법이 이 법석에서 더욱 성황을 이루었다.

어떤 승려가 물었다.
"어떤 것이 현묘한 설법입니까?"

時崇業寺上首以狀聞於連帥迎入郡。城之左有天皇寺乃名藍也。因火而廢。主寺僧靈鑒將謀修復。乃曰。苟得悟禪師爲化主必能福我。乃中宵潛往哀請肩昇而至。遂居天皇。時江陵尹右僕射裵公稽首問法致禮勤至。師素不迎送。客無貴賤皆座而揖之。裵公愈加歸向。由是石頭法道盛於此席。僧問。如何是玄妙之說。

대사가 말하였다.

"나는 불법을 안다고 말한 적이 없다."

승려가 말하였다.

"그렇지만 학인이 의심이 풀리지 않으니 어찌하겠습니까?"

"왜 노승에게 묻지 않는가?"

"이미 물었습니다."

"가거라. 그대가 머물 곳이 아니다."

대사는 원화(元和) 정해(丁亥) 4월에 병이 나자 제자들에게 임종할 것을 알렸는데, 그믐날이 되어 대중이 문병을 갔을 때에 갑자기 전좌(典座)를 불렀다. 전좌가 가까이 다가서니, 대사가 물었다.

"알겠는가?"

전좌가 대답하였다.

"모르겠습니다."

대사가 퇴침을 들어 땅에다 던지고 입적하니, 수명은 60세이고, 법랍은 35세였다. 그해 8월 5일에 고을 동쪽에다 탑을 세웠다.

師曰。莫道我解佛法。僧曰。爭奈學人疑滯何。師曰。何不問老僧。僧曰。問了也。師曰。去。不是汝存泊處。師元和丁亥四月示疾。命弟子先期告終。至晦日大衆問疾。師驀召典座。典座近前。師曰。會麼。對曰。不會。師乃拈枕子拋於地上。即便告寂。壽六十。臘三十五。以其年八月五日塔於郡東。

(寂音尊者。曰荊州天王寺道悟禪師。如傳燈錄所載。則曰。道悟得法於石頭。所居寺曰天皇。婺州東陽人。姓張氏。年十四出家。依明州大德披剃。年二十五。抗州竹林寺受具。首謁徑山國一禪師服勤五年。大曆中抵鍾陵。謁馬大師經二夏。乃造石頭。元和丁亥四月示疾。壽六十臘三十五。及觀達觀顒禪師所集五家宗派。則曰。道悟嗣馬祖。引唐丘玄素所撰碑文幾千言。其略曰。師號道悟。渚宮人姓崔氏。即子玉後胤也。年十五於長沙寺禮曇翥律師出家。二十三詣嵩山。律德得尸羅。謁石頭扣寂二年無所契悟。乃入長安親忠國師。三十四與侍者應真。南還謁馬大師大悟於言下。祝曰。他日莫離舊處。故復還渚宮。元和十三年戊戌歲四月初示疾。十三日歸寂壽八十二。臘六十三。考其傳正如兩人然。玄素所載曰。有傳法。一人崇信住澧州龍潭。南岳讓禪師碑。唐聞人歸登譔。列法孫數人於後。有道悟名。圭峯答裴相國宗趣狀。列馬祖之嗣六人。首曰江陵道悟。其下注曰。兼稟徑山。今妄以雲門臨濟二宗競者。可發一笑。出林間錄。7)

7) 적음 존자가 말하기를 "형주 천황사의 도오선사는 『전등록』의 기록에 의하건대, 도오는 석두에게 법을 얻었고 그가 살던 절은 천황이다. 무주의 동양 사람으로서 성은 장씨이다.
14세에 출가해서 명주 대덕에 의하여 머리를 깎았고, 25세에 항주의 죽림사에서 구족계를 받았다. 먼저 경산의 국일선사를 뵙고 5년 동안 부지런히 모시다가, 대력 때에 종릉에 가서 마조 대사를 뵙고 2년 동안을 지낸 뒤에 다시 석두에게로 갔다. 원화 정해년 4월에 병이 나니, 수명은 60세이고, 법랍은 35세였다.
그런데 달관 영선사가 편집한 『오가종파』를 보건대, '도오는 마조의 법을 이었다'라고 하였고, 당의 구현소가 지은 비문 몇천 마디를 인용하여 그 대략을 말하면 이렇다. '대사의 호는 도오이니 저궁 사람이다. 성은 최씨이니 자옥의 후손이었다. 나이 15세에 장사사의 담원율사에 의해 출가했다가 23세에 숭산의 율덕을 뵙고 계법을 얻었다. 석두를 뵙고 2년 동안 적멸의 법을 물었으나, 깨달은 바가 없어서 바로 장안에 들어가 충국사를 뵈었다. 34세에 시장 응진과 함께 남쪽으로 돌아와서 마대사를 뵙고 그 말 끝에 크게 깨달으니, 그를 축하하면서 훗날 옛 자리를 여의지 말라 하였으므로 다시 저궁으로 돌아왔다. 원화 13년 무술 4월 초순에 병이 나서 13일에 입적하니, 수명은 82세이고 법랍은 63세였다'라 하였다.
이렇게 전기를 상고하건대, 도오가 두 사람인 듯하다. 그리고 현소의 말에 의하건대 '법을 전해 받은 이는 숭신선사이니, 예주의 용담에 살았다. 당나라 때의 유명한 사람인 귀등이 지은 남악 회양선사의 비에 법손 몇 사람을 끝에다 열거했는데 도오라는 이름이 있고, 규봉이 배상국에게 종취를 대답하는 편지에서 마조의 법손 여섯 사람을 열거했는데 맨 첫머리에 강릉 도오라 하였고, 그 밑의 주에 겸하여 경산의 법을 받았다고 했는데, 이제 까닭 없이 운문과 임제 두 종파가 다투는 것은 우스꽝스럽다'하였다"라고 하였다. 위의 내용은 모두 『임간록』의 말이다.

○覺夢堂重校五家宗派序云。景德間吳僧道原。集傳燈錄三十卷。自曹溪下列為兩派。一曰南岳讓。讓出馬大師。一曰青原思。思出石頭遷。自兩派下又分五宗。馬大師出八十四員善知識。內有百丈海。海出黃檗運大潙祐二人。運下出臨濟玄。故號臨濟宗。祐下出仰山寂。故號為仰宗。八十四人內又有天王悟。悟得龍潭信。信得德山鑒。鑒得雪峯存。存下出雲門偃。號雲門宗。次玄沙備。備出地藏琛。琛出清涼益。號法眼宗次。石頭遷出藥山。儼天皇悟二人。悟下得慧真。真得幽閑。閑得文賁。三世便絕。唯藥山得雲巖晟。晟得洞山价。价得曹山章。是為曹洞宗。今傳燈却收雲門法眼兩宗。歸石頭下誤矣。緣同時道悟有兩人。一曰江陵城西天王寺道悟者。渚宮人也。崔子玉之後嗣馬祖。元和十三年四月十三日化。正議大夫丘玄素撰塔銘。文幾千言。其略云。馬祖祝曰。他日莫離舊處。故復還渚宮。一曰。江陵城東天皇寺道悟者。婺州東陽人也。姓張氏嗣石頭。元和二年丁亥化。[8]

---

8) 그리고 각몽당의『중교오가종파』서문에 말하기를 "경덕 때의 오지방의 스님인 도원이『전등록』30권을 지었는데, 조계 이하를 두 파로 간추려 놓았으니 하나는 남악 회양으로서 회양에서 마대사가 나왔고, 또 하나는 청원 행사로서 행사에서 석두 희천이 나왔다. 두 파 밑에서 다시 5종이 나뉘어지는데, 마대사 밑에서 84인의 선지식이 나왔다. 그 중에 백장 회해가 있고, 회해에게서 황벽 희운과 위산 영우 두 사람이 나왔고, 황벽에게서 임제 의현이 나오니 그런 까닭에 임제종이라 한 것이다 위산 영우 밑에서 앙산 혜적이 나왔으므로 위앙종이라 했다. 84인 가운데에 또 천황 도오가 있는데 도오는 용담 신을 얻었고, 용담은 덕산 감을 얻었고, 덕산은 설봉 존을 얻었고, 설봉에서 운문 언을 얻어서 운문종이라 했다. 다음은 현사 사비가 있었는데 현사에게서 지장 계침이 나왔고, 지장 밑에 청량 익이 나와서 법안종이라 하였다. 다음에 석두 희천 밑에서 약산 유엄과 천황 도오 두 사람이 나왔고, 도오 밑에서 혜진이 나왔고, 혜진 밑에서 유한이 나왔고, 유한 밑에서 문분이 나왔는데 3대 만에 뒤가 끊겼다. 그러나 약산만은 운암 성을 얻었고, 운암 성은 동산 양개를 얻었고, 동산은 조산 장을 얻어서 조동종이다.
지금『전등록』에서 운문종과 법안종을 석두 밑에다 둔 것은 착오가 아닌가 생각한다. 같은 시대에 도오가 두 사람이 있었으니, 하나는 강릉 성서의 천왕사 도오로 저궁 사람이다. 그는 최자옥의 후손으로 마조의 법을 이었으며 원화 13년 4월 13일에 입적하였다. 정의대부 구현소가 지은 탑명이 몇천 마디인데, 그것을 대략적으로 말하건대 마조가 축하하면서 '훗날에 옛 자리를 여의지 말라고 하였으므로 다시 저궁으로 돌아왔다'고 했다. 또 하나는 강릉 성동의 천황사 도오이니, 무주 동양 사람으로서 성은 장씨이다. 석두의 법을 이었고 원화 2년 정해에 입적하였다.

叶律郎符載撰塔銘。二碑所載生緣出處甚詳。但緣道原採集傳燈之日非一一親往討檢尋。不過宛轉託人掊拾。而得其差誤可知也。自景德至今。天下四海以傳燈爲據。雖列刹據位立宗者。不能略加究辦。惟丞相無盡居士張公。及呂夏卿二君子。每會議宗門中事。嘗曰。石頭得藥山藥山得曹洞一宗教理行果言說宛轉。且天皇道悟下出箇周金剛。呵風罵雨。雖佛祖不敢嬰其鋒。恐自天皇處或有差誤。寂音尊者亦嘗疑之云。道悟似有兩人。無盡居士後於達觀頴禪師處。得唐符載所撰天皇道悟塔記。又討得丘玄素所作天王道悟塔記。賫以遍示諸方曰。吾嘗疑德山洞山同出石頭下。因甚垂手處作用殺活不同。今以丘符二記證之朗然明白。方信吾擇法驗人之不謬耳。寂音曰。圭峯答裴相國宗趣狀。列馬祖之嗣六人。首曰江陵道悟。其下注曰。兼稟徑山今妄以雲門臨濟二宗競者。可發一笑。略書梗概以傳。明達者庶知五家之正派如是而已)。[9]

---

9) 협률랑 부새가 탑명을 지있는데 두 비의 기록에 태어난 인연과 대어난 곳이 분명하건만, 도원이 『전등록』을 편집할 때에 낱낱이 직접 가서 상고하지 않고 그저 사람들에게 부탁해서 자료를 얻은 데 불과했으므로 이렇게 잘못 되었을 것이다.
경덕 이후로 지금까지 천하와 사해에서 오직 『전등록』으로 근거를 삼을 뿐, 여러 절에서 상당한 지위를 차지하고 종지를 세우는 이까지도 아무런 연구를 하지 않았다. 오직 승상인 무진거사 장공과 여하경 두 군자만이 매번 모여 종문의 일을 의논할 때마다 '석두는 약산을 얻고, 약산은 조동을 얻어 한 종파의 교리행과 말씀이 퍼지게 되었다. 또 천왕 도오 밑에서는 주금강이 나와서 바람을 꾸짖고 비를 나무라면서 비록 불조라도 칼끝을 감당할 수 없다 했으니 아마도 천황으로부터 틀렸는가 생각된다'라고 했다. 적음존자도 의심하기를 '도오가 두 사람이 있는 것 같다'고 하였고, 무진 거사도 나중에 달관 영 선사에게서 당의 부재가 지은 천황 도오의 탑기를 얻고, 또 구현소가 지은 천황 도오의 탑기도 얻어서 이를 싸가지고 제방으로 두루 다니면서 '내가 일찍이 덕산과 동산이 모두가 석두 밑에서 나온 것을 의심했으니, 그들이 손을 쓰는 곳마다 살활이 같지 않기 때문이다. 이제 구씨와 부씨의 두 기록으로써 증험하건대, 분명하고 명백해서 내가 사람을 시험하고 법을 가리는 눈이 틀리지 않은 줄을 확신하겠다' 하였다.
그리고 적음존자가 말하기를 '규봉이 배상국에게 종취를 대답하는 편지에서 마조의 법손 여섯 사람을 열거하였는데 첫머리에 강릉 도오라 하였고, 그 밑에 주를 내되 겸하여 경산에서 물었다고 했거늘 이제 허망하게 운문과 임제 두 종파가 다투는 것은 한바탕 웃을 일이다'라고 하였다. 대요를 간략히 써서 전하니, 밝게 통달한 이로 하여금 5가의 정파가 이와 같은 줄 알게 할 뿐이다"라고 하였다.

🐇 토끼뿔

"어떤 것이 현묘한 설법입니까?" 했을 때

대원은 "소나무 춤이니라." 하리라.

경조(京兆) 시리(尸利) 선사

시리 선사가 처음에 석두(石頭)에게 물었다.
"어떤 것이 학인의 본분의 일입니까?"
석두가 말하였다.
"그대는 왜 내게서 찾으려 하는가?"
"스님에게서 찾으려 하는 것이 아닙니다. 어떻게 해야 바로 깨닫겠습니까?"
"그대가 일찍이 잃었던가?"
대사가 그 뜻을 깨달았다.

京兆尸利禪師。初問石頭。如何是學人本分事。石頭曰。汝何從吾覓。曰不從師覓如何即得。石頭曰。汝還曾失却麼。師乃契會厥旨。

 토끼뿔

"어떤 것이 학인의 본분의 일입니까?" 했을 때

대원은 "묻는 것이다." 하리라.

등주(鄧州) 단하(丹霞) 천연(天然) 선사

천연 선사[10]는 어디 사람인지 모른다. 처음에는 유교를 배워서 과거를 보러 장안[서울]으로 들어갔는데, 여관에서 쉬다가 홀연히 흰 광명이 방안에 가득한 꿈을 꾸었다. 이에 점치는 사람이 공(空)을 깨달을 상서라 해석하였다. 때마침 어떤 선객(禪客)이 나서서 물었다.

"인자는 어디로 가십니까?"

대사가 말하였다.

"과거를 보러 갑니다."

"과거를 보는 것이 부처 과거를 보는 것만 하겠습니까?"

"부처 과거를 보려면 어디로 가야 합니까?"

선객이 말하였다.

"지금 강서(江西)에는 마 대사가 나타나셨는데, 거기가 부처를 고르는 곳입니다. 인자도 그리로 가시오."

鄧州丹霞天然禪師。不知何許人也。初習儒學將入長安應舉。方宿於逆旅。忽夢白光滿室。占者曰。解空之祥也。偶一禪客問曰。仁者何往。曰選官去。禪客曰。選官何如選佛。曰選佛當往何所。禪客曰。今江西馬大師出世。是選佛之場。仁者可往。

---

10) 천연 선사(738 ~ 824).

그 길로 강서로 가서 마(馬) 대사를 보자마자 손으로 복두(幞頭)의 이마 부분을 치니, 마 대사가 잠깐 동안 돌아보고는 말없이 보이고 말하였다.

"남악의 석두가 그대의 스승이다."

바로 남악으로 가서 앞의 뜻으로써 귀의하니, 석두가 말하였다.

"방앗간에나 가거라."

대사가 절을 하고 물러나서 행자들의 방으로 들어가 차례에 따라 부엌일을 3년 동안 계속했는데, 어느 날 석두가 홀연히 대중에게 말하였다.

"내일은 불전(佛殿) 앞의 풀을 깎으리라."

이튿날 대중과 아이들까지 제각기 낫을 가지고 풀을 깎았으나, 오직 대사만은 대야에다 물을 떠서 머리를 감고 화상 앞에 꿇어앉았다. 석두가 이를 보고 웃으면서 머리를 깎아주고, 또 계법을 말해 주려고 하자, 대사는 귀를 막고 나가버렸다.

遂直造江西。纔見馬大師以手托幞頭額。馬顧視良久曰。南嶽石頭是汝師也。遽抵南嶽還以前意投之。石頭曰。著槽廠去。師禮謝入行者房。執爨役凡三年。忽一日石頭告眾曰。來日剗佛殿前草。至來日大眾諸童行各備鍬钁剗草。獨師以盆盛水淨頭於和尚前胡跪。石頭見而笑之便與剃髮。又為說戒法。師乃掩耳而出。

그리고는 강서로 가서 다시 마 대사를 뵈었는데, 절을 하기 전에 바로 큰 방으로 들어가서 성승(聖僧)의 목을 타고 앉으니, 대중이 모두가 깜짝 놀라 마 대사에게 알렸다. 마 대사가 몸소 큰 방에 들어와 보고서 말하였다.

"내 자식아, 천연(天然)스럽구나."

대사가 그제야 얼른 내려와 절을 하면서 말하였다.

"이름을 지어 주시니 감사합니다."

그리하여 '천연'이라 부르게 되었다. 마 대사가 물었다.

"어디서 왔는가?"

"석두에서 왔습니다."

"석두의 길이 미끄러운데 그대는 넘어지지나 않았는가?"

"넘어졌다면 오지 못했을 것입니다."

그리고는 지팡이를 집고 사방으로 다니다가 천태산(天台山)의 화정봉(華頂峯)에서 3년을 산 뒤에 여항(餘杭)의 경산(徑山)에 가서 국일(國一) 선사를 뵈었다.

便往江西再謁馬師。未參禮便入僧堂內。騎聖僧頸而坐。時大眾驚愕遽報馬師。馬躬入堂視之曰。我子天然。師即下地禮拜曰。謝師賜法號。因名天然。馬師問。從什麼處來。師云。石頭。馬云。石頭路滑還蹉倒汝麼。師曰。若蹉倒即不來。乃杖錫觀方。居天台華頂峯三年。往餘杭徑山禮國一禪師。

당의 원화(元和) 때에 낙경(洛京)의 용문(龍門) 향산(香山)에 가서 복우(伏牛) 화상과 막역한 벗이 되었다.

나중에 혜림사(慧林寺)에 있을 때 날씨가 몹시 추워서 대사가 목불(木佛)을 패서 불을 때니 사람들이 비난하였다. 이에 대사가 말하였다.

"나는 불을 때고서 사리를 얻으려 했다."

그 중의 한 사람이 말하였다.

"나무 불상에 어찌 사리가 있겠는가?"

"그렇다면 왜 나를 꾸짖는가?"

어느 날 대사가 충(忠) 국사를 뵈러 가서 먼저 시자에게 물었다.

"국사께서 계시는가?"

시자가 대답하였다.

"계시기는 하나 객을 만나지 않습니다."

"너무 깊고 멀리 사시는구나."

"부처의 눈일지라도 또한 보려 하면 보지 못합니다."

唐元和中至洛京龍門香山。與伏牛和尚爲莫逆之友。後於慧林寺遇天大寒。師取木佛焚之。人或譏之。師曰。吾燒取舍利。人曰。木頭何有。師曰。若爾者何責我乎。師一日謁忠國師。先問侍者。國師在否。曰在即在不見客。師曰。太深遠生。曰佛眼亦覷不見。

대사가 말하였다.

"용은 용의 새끼를 낳고, 봉은 봉의 새끼를 낳는다 하더니…"

국사가 잠에서 깨어나자 시자가 앞의 일을 알리니, 국사가 시자에게 20방을 때려서 쫓아냈다. 나중에 단하가 이 말을 듣고 말하였다.

"남양의 국사로 추대 받을 만하구나."

이튿날 절을 하러 가서 국사를 보고 방석을 펴니, 국사가 말하였다.

"그럴 것 없다, 그럴 것 없다."

대사가 물러서니, 국사가 말하였다.

"옳다, 옳다."

대사가 다시 앞으로 다가서니, 국사가 말하였다.

"옳지 않다, 옳지 않다."

대사가 국사를 한 바퀴 돌고 나가버리니, 국사가 말하였다.

"성인들과의 거리가 점점 멀어져서 사람들이 많이 게을러질 터인데, 30년 뒤에는 이런 사람을 만나기 어려우리라."

師曰。龍生龍子鳳生鳳兒。國師睡起侍者以告。國師乃鞭侍者二十棒遣出。後丹霞聞之乃云。不謬爲南陽國師。至明日却往禮拜。見國師便展坐具。國師云。不用不用。師退步。國師云。如是如是。師却進前。國師云。不是不是。師繞國師一匝便出。國師云。去聖時遙人多懈怠。三十年後覓此漢也還難得。

대사가 방 거사를 찾아갔다가 그의 딸이 나물 캐는 것을 보고 물었다.

"거사께서 계시는가?"

딸이 광주리를 놓고 손을 모으고 서 있으니, 대사가 또 물었다.

"거사께서 계시는가?"

딸이 다시 광주리를 메고 떠났다.

원화(元和) 3년에 대사가 천진교(天津橋) 위에 누워 있는데, 때마침 군수인 정공(鄭公)이 나왔다가 꾸짖었으나 일어나지 않았다. 관리가 그 까닭을 물으니, 대사는 느릿느릿 말하였다.

"일 없는 중이외다."

군수가 뛰어나게 여기어 비단 필육과 옷 두 벌을 받들어 올리고 날마다 쌀과 밀을 바치니, 이로부터 장안 사람들이 흔연히 귀의하였다.

원화 15년 봄이 되자 문인들에게 말하였다.

師訪龐居士。見女子取菜次。師云。居士在否。女子放下籃子斂手而立。師又云。居士在否。女子便提籃子去。元和三年師於天津橋橫臥。會留守鄭公出呵之不起。吏問其故。師徐而對曰。無事僧。留守異之。奉束素及衣兩襲日給米麨。洛下翕然歸信。至十五年春告門人言。

"나는 노년을 보낼 조용한 숲을 구한다."

이때에 문인인 영제와 정방이 남양의 단하산을 골라 암자를 짓고 섬기니, 3년 동안 학인들이 300명이나 모여 큰 선원을 이루었다.

대사가 법상에 올라 말하였다.
"여러분 모두는 하나의 신령스런 물건을 간절히 보호하라. 그대들이 이름을 짓거나 모양으로 그릴 수 있는 것이 아니니, 다시 어찌 알았다거나 몰랐다고 말하랴.

내가 지난날에 석두 화상을 뵈었는데, 그분도 역시 이 일을 잘 보호하라 하셨다. 이 일은 말로 할 수 있는 것이 아니다. 그대들에게 제각기 온통인 자리가 있어 바탕에 갖춰졌거늘, 다시 무엇을 의심하랴. 참선은 그대들이 알 수 있는 것이라 하겠지만, 부처야 어찌 이룰 수 있으랴. 부처라는 하나의 글자만은 영원히 듣지 않기를 바란다.

吾思林泉終老之所。時門人令齊靜方卜南陽丹霞山結庵以奉事。三年間玄學者至盈三百眾構成大院。師上堂曰。阿你渾家切須保護一靈之物。不是你造作名貌得。更說什麼薦與不薦。吾往日見石頭和尚。亦只教切須自保護。此事不是你譚話得。阿你渾家各有一坐具地。更疑什麼。禪可是你解底物。豈有佛可成。佛之一字永不喜聞。

그대들 스스로 잘 보라. 선교방편(善巧方便)과 자비희사(慈悲喜捨)는 밖에서 얻는 것도 아니요, 마음에서 이루어지는 것도 아니다. 선교(善巧) 이것이 문수요, 방편 이것이 보현인데, 그대들은 또 무엇을 찾아 헤매는가? 경에 의존하지도 말고, '공'에 떨어지지도 마라.

요즈음 학자들이 소란하게 구는 것은 모두가 참선하고 도를 묻는 일인데, 나의 처소에는 닦을 도도 없고 증득할 법도 없다. 마시고 먹음에 제각기 분수가 있으니 의심하지 마라.

있는 곳곳마다 이것이 있으니, 알기만 하면 석가가 곧 범부이리니, 그대들 스스로가 보아서 얻어라. 한 소경이 뭇 소경을 이끌고 서로가 불구덩이로 드는 짓을 하지 마라. 밤의 어둠 속에서 골패놀이를 하는 것이 어찌 제대로 되랴. 일이 없다. 안녕."

阿你自看。善巧方便慈悲喜捨。不從外得。不著方寸。善巧是文殊方便是普賢。你更擬趁逐什麽物。不用經不落空去。今時學者紛紛擾擾。皆是參禪問道。吾此間無道可修。無法可證。一飲一啄各自有分不用疑慮。在在處處有恁麽底。若識得釋迦即者凡夫是。阿你須自看取。莫一盲引眾盲相將入火坑。夜裏暗雙陸賽彩。若為生。無事珍重。

어떤 승려가 뵈러 오다가 산 밑에서 대사를 보고 물었다.
"단하산을 어디로 갑니까?"
대사가 산을 가리키면서 말하였다.
"새파랗게 아득한 곳이다."
"다만 이것이면 되지 않겠습니까?"
"참으로 사자새끼로구나. 한번 일깨우니 바로 굴리는구나."

대사가 어느 승려에게 물었다.
"어디서 잤는가?"
승려가 대답하였다.
"산 밑에서 잤습니다."
"어디서 밥을 먹었는가?"
"산 밑에서 먹었습니다."
대사가 말하였다.
"그대에게 밥을 주는 이도 눈을 갖추고 있던가?"

有僧到參。於山下見師乃問。丹霞山向什麼處去。師指山曰。青黯黯處。僧曰。莫只這箇便是麼。師曰。真獅子兒一撥便轉。師問僧。什麼處宿。云山下宿。師曰。什麼處喫飯。曰山下喫飯。師曰。將飯與闍梨喫底人。還具眼也無。

승려가 대답이 없었다.[11]

대사가 장경(長慶) 4년 6월 23일에 문인들에게 말하였다.
"목욕물을 데워라. 나는 떠나야 한다."
그리고는 삿갓을 쓰고 지팡이를 짚고 신을 신고 한 발을 내딛되 발이 미처 땅에 닿기 전에 입적하니, 수명은 86세였다.
문인들이 돌을 다듬어서 탑을 세우니, 시호를 지통 선사(智通禪師) 라 하고, 탑호를 묘각(妙覺)이라 하였다.

僧無對(長慶舉問保福。將飯與人喫。感恩有分。爲什麼不具眼。保福云。施者受者二俱瞎漢。長慶云。盡其機來又作麼生。保福云。道某甲瞎得麼。玄覺徵云。且道。長慶明丹霞意。爲復自用家財)。師以長慶四年六月二十三日。告門人曰。備湯沐吾欲行矣。乃戴笠策杖受履。垂一足未及地而化。壽八十六。門人斲石爲塔。勅諡智通禪師。塔號妙覺。

---

11) 장경(長慶)이 보복(保福)에게 이 이야기를 들어 묻기를 "밥을 주면 감사하게 받아야 하거늘 어째서 눈을 갖추지 못했다 했을까?" 하니, 보복이 말하기를 "준 놈이나 받은 놈이나 모두 당달봉사이다." 하였다. 장경이 말하기를 "그 기틀을 다해서는 또 무엇 할 것인가?" 하니, 보복이 말하기를 "나를 눈멀게 할 수 있다는 말인가?" 하였다.
현각(玄覺)이 말하기를 "말해 봐라. 장경은 단하의 뜻을 밝히었는가? 아니면 자기 살림을 활용했는가?" 하였다. (원주)

 토끼뿔

"어디서 잤는가?" 했을 때

대원은 "밑도 없습니다." 하고

"어디서 밥을 먹었는가?" 했을 때

대원은 "밖이란 것도 없습니다." 하리라.

담주(潭州) 초제(招提) 혜랑(慧朗) 선사

혜랑 선사는 시흥(始興)의 곡강(曲江) 사람으로 성은 구양(歐陽)씨이다. 13세에 등림사(鄧林寺)의 모(摸) 선사에 의해 머리를 깎고 17세에 남악(南嶽)에 갔다가, 20세에 남악의 절에서 구족계를 받았다. 뒤에 건주(虔州)의 공공산(龔公山)에 가서 대적(大寂)을 뵈었는데, 대적이 물었다.

"그대는 무엇을 구하러 왔는가?"

대사가 말하였다.

"부처의 지견(知見)을 구하러 왔습니다."

"부처란 지견이 없다. 지견이 있다면 그것은 악마의 경계이다. 그대는 남악에서 왔으면서도 석두의 조계심요(曹谿心要)를 보지 못한 것 같은데 다시 돌아가라."

대사가 분부를 받고 남악으로 돌아와서 석두를 찾아가 물었다.

"어떤 것이 부처입니까?"

潭州招提慧朗禪師。始興曲江人也。姓歐陽氏。年十三依鄧林寺摸禪師披剃。十七遊南嶽。二十於嶽寺受具。往虔州龔公山謁大寂。大寂問曰。汝來何求。師曰。求佛知見。曰佛無知見。知見乃魔界。汝從南嶽來。似未見石頭曹谿心要爾。汝應却歸。師承命迴嶽造於石頭。問如何是佛。

석두가 말하였다.

"그대는 불성이 없다."

대사가 말하였다.

"신령함을 머금어 움직이는 것들은 어떻습니까?"

"신령함을 머금어 움직이는 것들은 불성이 있다."

"혜랑에게는 어째서 없습니까?"

"그대가 수긍하지 않기 때문이니라."

대사가 이 말끝에 깨달았다.

나중에 양단(梁端)의 초제사(招提寺)에 살았는데, 30여 년 동안 문밖을 나서지 않으면서 학자들이 오기만 하면 언제나 이렇게 말하였다.

"가거라, 가거라. 그대에게는 불성이 없다."

그가 학자를 지도하는 방법이 대략 이러하였다.[12]

石頭曰。汝無佛性。曰蠢動含靈又作麼生。石頭曰。蠢動含靈却有佛性。曰慧朗為什麼却無。石頭曰。為汝不肯承當。師於言下信入。後住梁端招提寺。不出戶三十餘年。凡參學者至。皆曰。去去汝無佛性。其接機大約如此(時謂大朗禪師)。

---

12) 당시 대랑 선사라 불렀다. (원주)

 토끼뿔

어떤 것이 여기 혜랑 선사의 불성이 없다 한 도리인고?

"일제히 이른다."

장사(長沙) 홍국사(興國寺) 진랑(振朗) 선사

진랑 선사가 처음에 석두 선사를 뵙고 물었다.
"어떤 것이 조사가 서쪽에서 오신 뜻입니까?"
석두가 말하였다.
"돌기둥에게 물어라."
"진랑은 잘 모르겠습니다."
"나도 모르겠다."
대사가 그 순간에 깨달았다.

주지가 된 후에 어떤 승려가 와서 뵈니, 대사가 "상좌여"하고 불렀다. 승려가 대답하자, 대사가 말하였다.
"저버리는구나."
"대사께서는 어찌 감별하지 못하십니까?"
대사가 눈을 닦고 보니, 승려가 대답이 없었다.[13]

　　長沙興國寺振朗禪師。初參石頭問。如何是祖師西來意。石頭曰。問取露柱。曰振朗不會。石頭曰。我更不會。師俄然省悟。住後有僧來參。師乃召曰。上座。僧應諾。師曰。孤負去也。曰師何不鑒。師乃拭目而視之。僧無語(時謂小朗禪師)。

---

13) 당시 소랑 선사라 불렀다. (원주)

 토끼뿔

"돌기둥에게 물어라." 하니 "진랑은 잘 모르겠습니다." 했을 때

대원은 "듣지 못하면 그런 말은 누가 하는가?" 해서 도왔을 것이다.

예주(澧州) 약산(藥山) 유엄(惟儼) 선사

유엄 선사는 강주(絳州) 사람으로 성은 한(韓)씨이다. 17세에 조양(潮陽) 서산(西山)의 혜조(慧照) 선사에 의해서 출가하였고, 당의 대력(大歷) 8년에 형악(衡嶽)의 희조(希操) 율사에게 구족계를 받고는 말하였다.

"대장부가 청정한 법을 떠나 어찌 사소한 일로 세행(細行)을 삼아 얽매이겠는가?"

그리고는 바로 석두에게 가서 비밀히 현묘한 종지를 이어받았다.

어느 날 대사가 앉아 있는데 석두가 보고 물었다.

"그대는 이 속에서 무엇을 하는가?"

"아무것도 하지 않습니다."

"그렇다면 한가히 앉아 있겠구나."

"만일 한가히 앉아 있다면 하는 것입니다."

澧州藥山惟儼禪師。絳州人。姓韓氏。年十七依潮陽西山慧照禪師出家。唐大歷八年納戒於衡嶽希操律師。乃曰。大丈夫當離法自淨。豈能屑屑事細行於布巾耶。即謁石頭密領玄旨。一日師坐次。石頭覩之問曰。汝在這裏作麼。曰一切不為。石頭曰。恁麼即閑坐也。曰若閑坐即為也。

"그대는 하지 않는다 하는데, 하지 않는다는 것이 무엇인가?"
"천 성인도 알지 못합니다."
석두가 게송으로 찬탄하였다.

본래에 같이 살되 이름도 모르고
그저 어울려 다만 그렇게 하니
옛 성현도 역시 알 길이 없는데
예사로운 범부들이 어찌 감히 밝힐 수 있으랴

어느 때 석두가 말하였다.
"언어와 동작으로는 교섭할 수 없다."
대사가 말하였다.
"언어와 동작을 하려 하지도 않고, 교섭도 하려 하지 않습니다."
"여기는 바늘을 찔러도 들어가지 않는다."

石頭曰。汝道不爲。且不爲箇什麼。曰千聖亦不識。石頭以偈讚曰。
從來共住不知名
任運相將只麼行
自古上賢猶不識
造次凡流豈敢明
石頭有時垂語曰。言語動用勿交涉。師曰。不言語動用亦勿交涉。石頭曰。這裏針劄不入。

대사가 말하였다.

"여기는 돌 위에다 꽃을 재배하는 것 같습니다."

석두가 옳다고 여겼다.

나중에 대사가 예주의 약산에 사니 대중이 구름같이 모였다.[14)]
어느 날 대사가 경을 보는데 백암(柏巖)이 말하였다.

"화상은 원숭이 놀음하는 이를 쉬게 하실 수 있습니까?"

대사가 경을 탁 덮으면서 말하였다.

"해가 어찌 되었는가?"

"바로 정오입니다."

"아직도 그런 흔적이 남았느냐?"

"저에게는 없다는 것도 또한 없습니다."

"그대는 몹시도 총명하구나."

"저는 다만 그렇거니와 화상의 높으신 뜻은 어떠하십니까?"

"나는 절름절름, 비틀비틀, 백천 가지 추태를 부리며 그런대로 세월을 보낸다."

師曰。這裏如石上栽華。石頭然之。師後居澧州藥山。海眾雲會(廣語見別卷)。一日師看經次。柏巖曰。和尚休猱人得也。師卷却經曰。日頭早晚。曰正當午。師曰。猶有這箇文彩在。曰某甲無亦無。師曰。汝大殺聰明。曰某甲只恁麼。和尚尊意如何。師曰。我跛跛挈挈百醜千拙且恁麼過。

---

14) 자세한 말은 다른 책에 있다. (원주)

대사가 도오(道吾)와 이야기를 할 때에 이런 말을 하였다.
"높은 계곡의 윗세상에서도 계절을 살핍니까?"
도오가 물었다.
"화상은 전생에 무엇을 하셨습니까?"
"나는 뒤틀리고 여윈 채로 이렇게 시절을 지냈소."
"왜 그랬습니까?"
"나는 일찍이 펼칠 다른 책도 없었소."[15)]

원주가 와서 여쭈었다.
"종을 쳤습니다. 청컨대 화상께서 법당에 오르십시오."
대사가 말하였다.
"그대는 내 발우를 좀 들어다 다오."
"화상은 몇 해째나 손[手]이 없이 지내십니까?"
"그대는 그저 가사를 헛 입었을 뿐이구나."

師與道吾說。茗谿上世為節察來。吾曰。和尚上世曾為什麼。師曰。我痿痿羸羸且恁麼過時。吾曰。憑何如此。師曰。我不曾展他書卷(石霜別云。書卷不曾展)。院主報。打鍾也。請和尚上堂。師曰。汝與我擎鉢盂去。曰和尚無手來多少時。師曰。汝只是枉披袈裟。

---

15) 석상(石霜)이 따로 말하기를 "책도 일찍이 펴진 적이 없다." 하였다. (원주)

원주가 말하였다.

"저는 그렇거니와 화상은 어떠하십니까?"

"나는 그러한 권속도 없다."

대사는 원두(園頭)16)가 나물 가꾸는 것을 보고 말하였다.

"가꾸는 것은 막지 않겠다마는 뿌리가 나지 않게 하라."

"뿌리가 나지 않게 하라시면 대중은 무엇을 먹습니까?"

"네 입이 있느냐?"

그 승려가 대답이 없었다.

어떤 승려가 물었다.

"어찌하여야 모든 경계의 미혹을 받지 않겠습니까?"

대사가 말하였다.

"그대로 두어라. 그것이 어찌 그대를 장애하겠는가?"

"잘 모르겠습니다."

"어떤 경계가 그대를 미혹하던가?"

曰某甲只恁麼和尚如何。師曰。我無這箇眷屬。師見園頭栽菜次。師曰。栽即不障汝栽。莫教根生。曰旣不教根生。大眾喫什麼。師曰。汝還有口麼。僧無對。僧問。如何不被諸境惑。師曰。聽他何礙汝。曰不會。師曰。何境惑汝。

---

16) 원두(園頭) : 절에서 밭을 가꾸는 일을 하는 사람.

어떤 승려가 물었다.

"어떤 것이 도 가운데 지극한 보배입니까?"

대사가 말하였다.

"아첨을 부리지 마라."

"아첨하지 않을 때에는 어떠합니까?"

"나라가 기운다해도 바꾸지 않는다."

어떤 승려가 두 번째 와서 절에 잠시 머물기를 청하니, 대사가 물었다.

"누구인가?"

"상탄(常坦)입니다."

대사가 꾸짖었다.

"먼저도 상탄이더니, 나중에도 상탄인가?"

어느 날 원주(院主)가 대사에게 법상에 오르기를 청하여 대중이 모이니, 대사가 말없이 보이고 바로 방장실로 돌아가서 문을 닫았다. 원주가 뒤를 따라가서 말하였다.

僧問。如何是道中至寶。師曰。莫諂曲。曰不諂曲時如何。師曰。傾國不換。有僧再來依附。師問。阿誰。曰常坦。師呵曰。前也是常坦後也是常坦。一日院主請師上堂。大眾纔集。師良久。便歸方丈閉却門。院主逐後曰。

"화상께서 저에게 상당 법문을 해준다고 허락하시고는 왜 방장실로 돌아가십니까?"

대사가 말하였다.

"원주야, 경에는 경사(經師)가 있고, 논에는 논사(論師)가 있고, 율에는 율사(律師)가 있는데 왜 나를 괴이하게 여기는가?"

대사가 운암(雲巖)에게 물었다.
"무엇을 하는가?"
"똥을 퍼내고 있습니다."
"무엇이?"
"있습니다〔在〕."
"그대가 왔다갔다 하는 것은 누구를 위함인가?"
"동서(東西)라는 것도 없습니다."
"왜 병행(竝行)하지 않는가?"
"화상은 사람을 비방하지 마십시오."
"그렇게 말하지 않아야 하겠는데…"

和尙許某甲上堂。爲什麽却歸方丈。師曰。院主。經有經師。論有論師。律有律師。又爭怪得老僧。師問雲巖。作什麽。巖曰。擔屎。師曰。那箇底[17]。巖曰。在。師曰。汝來去爲誰。曰替他東西。師曰。何不敎竝行。曰和尙莫謗他。師曰。不合恁麽道。

---

17) 底가 원나라본에는 聻이라 되어 있다.

"어떻게 말하리까?"
"똥지게를 멘 적이 있었던가?"

대사가 앉아 있는데, 어떤 승려가 물었다.
"엄숙히 앉아서 무엇을 생각하십니까?"
"생각하는 것이 생각하지 않는 것이다."
"생각하지 않는 것이 어떻게 생각하는 것입니까?"
"생각이 아니니라."

어떤 승려가 물었다.
"학인이 고향에 돌아가고자 하는데 어떻게 해야 하겠습니까?"
대사가 말하였다.
"그대의 부모는 온몸이 붉게 부어서 가시덤불 속에 누웠거늘 그대는 어디로 돌아간다 하는가?"
"그렇다면 돌아가지 않겠습니다."
"그러나 그대는 고향으로 가야 한다. 만일 그대가 고향에 돌아간다면 나는 그대에게 양식 아끼는 법을 보여 주겠다."

曰如何道。師曰。還曾擔麼。師坐次有僧問。兀兀地思量什麼。師曰。思量箇不思量底。曰不思量底如何思量。師曰。非思量。僧問。學人擬歸鄉時如何。師曰。汝父母遍身紅爛臥在荊棘林中汝歸何所。僧曰。恁麼即不歸去也。師曰。汝却須歸去。汝若歸鄉我示汝箇休糧方。

승려가 말하였다.
"말씀해 주십시오."
"두 차례씩 상당하였으나 쌀 한 톨도 씹은 적이 없다."

어떤 승려가 물었다.
"어떤 것이 열반입니까?"
"그대가 입을 열기 전을 무엇이라 부르는가?"

준포납(遵布衲)이 불상을 씻는 것을 보고 대사가 물었다.
"이것을 네가 씻는다만 저것도 씻는다 하겠느냐?"
준포가 말하였다.
"이것이라는 것을 가져오십시오."
대사가 그만두었다.[18]

僧曰。便請。師曰。二時上堂不得齩破一粒米。僧問。如何是涅槃。師曰。汝未開口時喚作什麼。師見遵布衲洗佛乃問這箇從汝洗。還洗得那箇麼。遵曰。把將那箇來。師乃休(長慶云。邪法難扶。玄覺云。且道長慶恁麼道。在賓在主。眾中喚作洗佛語。亦云。兼帶語。且道盡善不盡善)。

---

[18] 장경(長慶)이 말하기를 "삿된 법으로는 다스리기 어렵구나." 하였다.
   현각(玄覺)이 말하기를 "말해 봐라. 장경이 그렇게 말한 것이 나그네 쪽에 있는가, 주인 쪽에 있는가? 대중 가운데에서는 이것을 부처를 씻는 것이라고도 하고, 또한 양쪽에 다 속한 말이라고도 하는데 또 말해 봐라. 모두 옳은가, 모두 옳지 않은가?" 하였다. (원주)

어떤 승려가 물었다.

"학인이 의심이 있으니 청컨대 스님께서 결단해 주십시오."

"상당했을 때에 오라. 그때에 풀어 주리라."

저녁에 법상에 올라 대중이 모이니, 대사가 말하였다.

"오늘 의심을 풀어달라고 한 상좌가 지금 어디에 있는가?"

그 승려가 대중 앞에 나와 서니, 대사가 선상에서 내려와 붙들고 말하였다.

"대중들이여, 이 승려가 의심이 있단다."

그리고는 놓아 버리고 방장실로 돌아갔다.[19]

대사가 반두(飯頭)[20]에게 물었다.

"그대는 여기에 얼마나 있었는가?"

"3년 있었습니다."

僧問曰。學人有疑請師決。師曰。待上堂時來與闍梨決疑。至晚間上堂。大眾集定。師曰。今日請決疑上座在什麽處。其僧出眾而立師下禪床把却曰。大眾這僧有疑。便托開歸方丈(玄覺云。且道與伊決疑否。若決疑什麽處是決疑。若不與決疑。又道待上堂時與汝決疑)。師問飯頭。汝在此多少時也。曰三年。

---

19) 현각(玄覺)이 말하기를 "그에게 의심을 풀어 준 것인가? 풀어주었다면 어디가 그곳인가? 의심을 풀어주지 않았다면 상당할 때 의심을 풀어주겠다 하지 않았던가?" 하였다. (원주)

20) 반두(飯頭) : 절에서 대중이 먹을 밥이나 죽을 마련하는 사람.

대사가 말하였다.
"나는 전혀 그대를 모르겠는데…"
반두가 어쩔 줄을 모르다가 화를 내고 떠났다.

어떤 승려가 물었다.
"몸과 목숨에 급한 곳이 어디입니까?"
대사가 말하였다.
"뒤섞지 말라."
"무엇으로 공양하오리까?"
"물건이라 할 것이 없느니라."

대사가 공양주에게 화주하러 가라고 하였다.
감(甘) 행자가 승려에게 물었다.
"어디서 오셨소?"
승려가 대답하였다.
"약산(藥山)에서 옵니다."
"무엇 하러 오셨소?"

師曰。我總不識汝。飯頭罔測發憤而去。僧問。身命急處如何。師曰。莫種雜種。曰將何供養。師曰。無物者。師令供養主鈔化。甘行者問。什麼處來。僧曰。藥山來。甘曰。來怎麼。

승려가 말하였다.

"화주하러 왔습니다."

"약을 가지고 오셨소?"

"행자께 무슨 병이라도 있으신가요?"

감 행자가 은 두 냥을 던지면서 말하였다.

"사람이 있으면 돌려보낼 것이고, 사람이 없으면 돌려보내지 않을 것이오."

대사가 승려가 너무 빨리 돌아온 것을 괴이하게 여기자, 승려가 말하였다.

"불법을 묻기에 바로 대답하여서 은 두 냥을 얻었습니다."

대사가 그 승려에게 그 이야기를 다시 하게 하였다. 그 승려가 말을 마치자, 대사는 그 승려를 시켜 빨리 행자의 집으로 돌려주게 하였다. 행자는 승려가 돌아오는 것을 보고 말하였다.

"역시 오시는구만." 그리고는 은을 추가하여 시주하였다.[21]

僧云。教化。甘云。還將得藥來麼。日行者有什麼病。甘便捨銀兩鋌日。有人即却送來。無人即休。師怪僧歸太急。僧日。問佛法相當得兩鋌銀。師令擧其語。擧已。師令僧速送還行者家。行者見僧迴云。僧來。遂添銀施之(同安代云。早知行者恁麼問。終不道藥山來)。

---

21) 동안(同安)이 대신 말하기를 "행자가 그럴 줄 알고 있었다. 끝내 약산에서 왔다고는 말하지 못할 것이다." 하였다. (원주)

대사가 어떤 승려에게 물었다.

"사람들이 보고 말하기를 그대가 허(虛)와 실(實)을 계산할 줄 안다 하는데 사실인가?"

"감히 그렇겠습니까?"

"나를 시험삼아 계산해 봐라."

승려가 대답이 없었다.[22]

대사가 불(佛)자를 써 놓고 도오(道吾)에게 물었다.

"이게 무슨 자인가?"

도오가 말하였다.

"불(佛)자입니다."

"말 많은 중이구나."

어떤 승려가 물었다.

"자기의 일을 밝히지 못했으니, 화상께서 가리켜 보여 주십시오."

師問僧。見說汝解算虛實。曰不敢。師曰。汝試算老僧看。僧無對(雲巖後來擧問洞山。汝作麼生。洞山云。請和尚生日)。師書佛字問道吾。是什麼字。吾云。佛字。師云。多口阿師。僧問己事未明乞和尚指示。

---

22) 운암(雲巖)이 나중에 동산(洞山)에게 묻기를 "그대는 어찌 생각하는가?" 하니, 동산이 대답하기를 "화상의 생일을 말씀해 주십시오." 하였다. (원주)

대사가 말없이 보이고 말하였다.

"내가 이제 그대에게 한마디를 하기는 어렵지 않으나 다만 그대들이 말끝에 즉각 알아야 한다. 그렇다면 조금은 안다 하겠지만 만일 다시 생각 속에 잠긴다면 그것은 도리어 나의 죄가 된다. 그러니 우선 입을 다물어서 서로가 죄를 면하는 것만 못하다."

대중이 밤에 뵈러 왔을 때에 등불을 켜지 않고 대사가 말하였다.

"내게 한 마디가 있는데 수컷소가 새끼를 낳아야 그대들에게 말하리라."

이때에 어떤 승려가 말하였다.

"수컷소가 새끼를 낳았는데 스님은 왜 말씀하시지 않습니까?"

대사가 등불을 가져오라 하니, 그 승려가 대중 속으로 물러나 들어갔다.[23]

師良久曰。吾今爲汝道一句亦不難。只宜汝於言下便見去。猶較些子。若更入思量。却成吾罪過。不如且各合口免相累及。大眾夜參不點燈。師垂語曰。我有一句子。待特牛生兒即向汝道。時有僧曰。特牛生兒也何以不道。師曰。把燈來。其僧退入眾(雲巖後舉似洞山。洞山云。其僧却會。只是不肯禮拜)。

---

23) 운암(雲巖)이 나중에 동산(洞山)에게 이야기하니, 동산이 말하기를 "그 승려가 알기는 했지만 절을 하지 않았을 뿐이다." 하였다. (원주)

어떤 승려가 물었다.

"달마가 이 땅에 오기 전에도 여기에 조사의 뜻이 있었습니까?"

대사가 말하였다.

"있었다."

"이미 조사의 뜻이 있었다면 무엇 하러 또 오셨습니까?"

"다만 있었다고 한 것이 온 까닭이다."

대사가 경을 보는데 어떤 승려가 물었다.

"스님께서는 평상시 남들에게 경을 보지 말라 하시더니 어째서 스님은 보십니까?"

대사가 말하였다.

"나는 다만 가린 눈의 대책을 세울 뿐이다."

"제가 화상을 본받아도 되겠습니까?"

"만일 그렇다면 그대는 소가죽이 꿰뚫어지도록 보아야 하리라."[24]

僧問。達磨未到時此土還有祖師意否。師曰。有。僧曰。既有祖師意。又來作什麼。師曰。只為有所以來。師看經。有僧問。和尚尋常不許人看經。為什麼却自看。師曰。我只圖遮眼。曰某甲學和尚還得也無。師曰。若是汝牛皮也須看透(長慶云。眼有何過。玄覺云。且道長慶會藥山意不會藥山意)。

---

24) 장경(長慶)이 말하기를 "눈에 무슨 허물이 있는가?" 하였다. 현각(玄覺)이 말하기를 "말해 봐라. 장경은 약산의 뜻을 알았을까, 몰랐을까?" 하였다. (원주)

낭주(郎州) 자사(刺史) 이고(李翶)가 대사의 덕화를 멀리서 듣고 자주 청했으나 끝내 일어나지 않으므로 몸소 산에 들어가서 뵈었다. 그러나 대사는 경을 보면서 돌아보지도 않았다. 이에 시자가 여쭈었다.

"태수(太守)께서 오셨습니다."

이고는 성질이 급해서 이내 이렇게 말하였다.

"얼굴을 보는 것이 이름을 듣는 것만 못하구나."

대사가 태수를 부르니, 이고가 대답하였다. 이에 대사가 말하였다.

"어째서 귀만 귀하게 여기고, 눈은 천하게 여기는가?"

이고가 손을 모으고 사죄하면서 물었다.

"어떤 것이 도입니까?"

대사가 손으로 위와 아래를 가리키면서 말하였다.

"알겠는가?"

"모르겠습니다."

朗州刺史李翶嚮師玄化屢請不起。乃躬入山謁之。師執經卷不顧。侍者白曰。太守在此。翶性褊急乃言曰見面不如聞名。師呼太守。翶應諾。師曰。何得貴耳賤目。翶拱手謝之。問曰。如何是道。師以手指上下曰。會麼。翶曰。不會。

대사가 말하였다.

"구름은 하늘에 있고, 물은 병에 있다."

이고가 기쁘고 부끄러운 마음으로 절을 하고, 게송 하나를 지어 읊었다.

단련하여 얻은 몸의 형상은 학의 모습과 같고
천 그루 솔 밑에 두어 권의 경일세
내가 와서 도를 물어도 딴 말이 없고
구름은 하늘에 물은 병에 있다 하네[25]

이고가 다시 물었다.

師曰。雲在天水在缾。翱乃欣愜作禮而述一偈曰。

練得身形似鶴形

千株松下兩函經

我來問道無餘說

雲在青天水在缾

(玄覺云且道李太守是讚他語。明他語須具行脚眼始得)。翱又問。

---

25) 현각(玄覺)이 말하기를 "말해 봐라. 이 태수는 그를 칭찬한 말인가, 그를 밝힌 말인가? 행각한 안목을 갖춘 이라야 비로소 되리라." 하였다. (원주)

"어떤 것이 계(戒) · 정(定) · 혜(慧)입니까?"

대사가 말하였다.

"나에게는 그러한 쓸모없는 가구(家具)가 없다."

이고가 현묘한 요지를 헤아리지 못하니, 대사가 말하였다.

"태수께서 이 일을 보림하여 얻으시려면 바로 높은 산꼭대기에 가서 앉거나 깊은 바다 밑으로 다녀야 하오. 내전 안의 물건은 버리거나 얻는 것이 아니니, 곧 젖어 스며 나오는 것이외다."

어느 날 밤에 대사가 산에 올라 거닐다가 홀연히 구름이 걷히자 달을 보고 크게 웃는 소리가 예양(澧陽) 동쪽의 90리에까지 들렸다. 마을 사람들은 모두가 동쪽 집에서 나는 소리라 하여 이튿날 아침에 차츰차츰 물어서 약산에까지 와서 물으니, 약산의 대중이 대답하였다.

"지난밤에 화상께서 산꼭대기에서 크게 웃으셨다."

이고가 이 말을 듣고 다시 시를 바쳤다.

如何是戒定慧。師曰。貧道這裏無此閑家具。翱莫測玄旨。師曰。太守欲得保任此事。直須向高高山頂坐深深海底行。闈閣中物捨不得便為滲漏。師一夜登山經行。忽雲開見月大笑一聲。應澧陽東九十許里。居民盡謂東家。明晨迭相推問直至藥山。徒眾云。昨夜和尚山頂大笑。李翱再贈詩曰。

그윽한 자릴 잡아 마음에 흡족하니
평생 동안 맞이하거나 보냄이 없으시네
때로는 바로 우뚝한 봉우리에서
구름 걷힌 달 아래 한바탕 웃네

대사가 대화(大和) 8년 2월에 임종하기 직전에 외쳤다.
"법당이 쓰러진다. 법당이 쓰러진다."
대중이 모두 기둥 버팀목을 받치니, 대사가 손을 흔들면서 말하였다.
"그대들은 나의 뜻을 모른다."
그리고는 입적하니, 수명은 84세이고, 법랍은 60세였다. 입실한 제자 중에 충허(沖虛)라는 이가 선원의 동쪽에다 탑을 세우니, 시호는 홍도 대사(弘道大師)라 하고, 탑호는 화성(化城)이라 하였다.

選得幽居愜野情
終年無送亦無迎
有時直上孤峯頂
月下披雲笑一聲

師大和八年二月臨順世叫云。法堂倒法堂倒。眾皆持柱撐之。師舉手云。子不會我意乃告寂。壽八十有四。臘六十。入室弟子沖虛建塔於院東隅。勅謚弘道大師。塔曰化城。

 토끼뿔

"이미 조사의 뜻이 있었다면 무엇 하러 또 오셨습니까?" 했을 때

대원은 "그대 같은 이가 있기 때문이다." 하리라.

담주(潭州) 대천(大川) 화상

대천 화상[26]에게 강릉(江陵)에서 어떤 승려가 새로 와서 절을 하고 한 쪽에 서 있으니, 대사가 말하였다.

"강릉을 떠난 지 얼마나 되는가?"

승려가 방석을 들어 올리니, 대사가 말하였다.

"그대가 멀리서 온 것이 고맙다. 내려가라."

승려가 얼른 나가니, 대사가 말하였다.

"만일 그렇지 않았다면 어찌 안목이 분명했음을 알 수 있었으랴."

승려가 손바닥을 비비면서 말하였다.

"고생스럽게 제방의 노숙(老宿)들을 잘못 판단할 뻔했습니다."

潭州大川和尚(亦名大湖)。有江陵僧新到。禮拜了在一邊立。師曰。幾時發江陵。僧拈起坐具。師曰。謝子遠來。下去。僧便出。師曰。若不恁麼爭知眼自端的。僧撫掌曰。苦殺人幾錯判諸方老宿。

---

26) 또는 대호라고도 한다.

대사가 수긍하였다.[27]

　　師肯之(僧舉似丹霞。霞曰。於大川法道即得。於我這裏即不然。僧曰。未審此間怎麼生。霞曰。猶較大川三步。其僧禮拜。霞曰。錯判諸方底甚多。洞山聞之曰。不是丹霞難分玉石)。

---

27) 승려가 단하(丹霞)에게 이야기하니, 단하가 말하기를 "대천의 법도는 바로 얻지만 나의 이 속에서는 그렇지 않다." 하였다. 승려가 말하기를 "이 속에서는 어떨지 모르겠습니다." 하니, 단하가 말하기를 "대천에 세 걸음 다가섰구나." 하였다. 그 승려가 절을 하니, 단하가 말하기를 "제방을 잘못 판단하는 이가 매우 많다." 하였다. 이 말을 듣고 동산(洞山)이 말하기를 "단하가 아니면 옥과 돌을 가리기 어려웠으리라." 하였다. (원주)

 토끼뿔

승려가 손바닥을 비비면서 말하기를 "고생스럽게 제방의 노숙(老宿)들을 잘못 판단할 뻔했습니다." 했는데

승려가 손바닥을 비빈 뜻이 무엇인고?
안목을 갖춘 이라면 일러 봐라.

분주(汾州) 석루(石樓) 화상

석루 화상이 법상에 오르니 어떤 승려가 나와서 물었다.
"전생 일을 알지 못하겠으니 스님께서 방편으로 가르쳐 주십시오."
대사가 말하였다.
"석루(石樓)는 귓불이 없다."
"제 스스로가 그르쳤음을 알고 있습니다."
"내게도 허물이 있다."
"화상의 허물이 어디에 있습니까?"
"그대가 그르다고 하는 곳에 허물이 있다."
 승려가 절을 하니, 대사가 때렸다.

대사가 어떤 승려에게 물었다.
"요즘 어디서 떠났는가?"

汾州石樓和尚。師上堂。有僧出問曰。未識本來生乞師方便指。曰石樓無耳朶。僧曰。某甲自知非。師曰。老僧還有過麽[28]。僧曰。和尚過在什麽處。曰過在汝非處。僧禮拜。師乃打之。師問僧。近離什麽處。

---

28) 麽가 송, 원나라본에는 없다.

승려가 대답하였다.

"한(漢)나라에서 떠났습니다."

대사가 말하였다.

"한나라 천자도 불법을 소중히 여기던가?"

"애달군요, 애달파. 저에게 물으셨기에 다행이지 다른 사람에게 물었더라면 곧 재앙이 생길 뻔했습니다."

"왜 그런가?"

"사람도 볼 수 없는데 무슨 존중할 불법이 있겠습니까?"

"그대는 계를 받은 지 얼마나 되는가?"

"30년입니다."

대사가 말하였다.

"아무도 보지 않아서 좋겠구나."

그리고는 때렸다.

曰[29]漢國。師曰。漢國天子還重佛法麼。僧曰。苦哉苦哉。賴遇問著某甲。若問著別人則禍生。師曰。作什麼生。僧曰。人尚不見有何佛法可重。師曰。汝受戒得多少夏。僧曰。三十夏。師曰。大好不見有人。便打之。

---

29) 近離什麼處。曰이 원나라본에는 發足何處。僧云로 되어있다.

 토끼뿔

대사가 "아무도 보지 않아서 좋겠구나." 하며 때렸는데

대사가 때린 것이 어떤 도리에서 행함이겠는가? 말해 봐라.

봉상부(鳳翔府) 법문사(法門寺) 불타(佛陀) 화상

불타 화상은 항상 염주 하나를 들고 세 가지 명호를 불렀다.
"첫째는 석가(釋迦)요, 둘째는 원화(元和)[30]요, 셋째는 불타(佛陀)이니, 그 밖의 것은 모두 완달구(梡䟽丘)[31]다."
이렇게 계속해서 되풀이하니, 그 행적이 이상하여 당시 사람들이 헤아릴 수 없었다.

鳳翔府法門寺佛陀和尙。師常持一串數珠念三種名號曰。一釋迦。二元和。三佛陀。自餘是什麼梡䟽丘。一箇過終而復始。事迹異常時人不可測。

---

30) 원화(元和) : 한결같이 만물을 육성하는 덕.
31) 완달구(梡䟽丘) : 개의 생식기.

토끼뿔

"첫째는 석가(釋迦)요, 둘째는 원화(元和)요, 셋째는 불타(佛陀)이니, 그 밖의 것은 모두 완달구(椀躂丘)다." 했을 때

옳기는 옳으나 대원은 "이 세 가지 명호야말로 쥐뿔따구다." 하리라.

담주(潭州) 화림(華林) 화상

승려가 뵈러 와서 막 방석을 펴는데, 대사가 말하였다.
"천천히 하라."
승려가 물었다.
"화상께서는 무엇을 보셨습니까?"
"아깝게도 종루(鍾樓)가 주저앉았구나."
그 승려가 크게 깨달았다.

潭州華林和尚。僧到參方展坐具。師曰。緩緩。僧曰。和尚見什麼。師曰。可惜許磕破鍾樓。其僧大悟。

 토끼뿔

그 승려가 크게 깨달음은 어떠한 도리에서 깨달음인가?
이 깨달음을 바로 이르면 법에 밝다 하리라.

조주(潮州) 대전(大顚) 화상

대전 화상이 처음에 석두(石頭)를 뵈니, 석두가 물었다.
"어느 것이 그대의 마음인가?"
대사가 말하였다.
"말하는 이것입니다."
그러자 바로 할을 당하고 나갔다. 10여 일이 지나서 대사가 다시 물었다.
"먼저의 대답이 틀렸다면 그 밖에 어떤 것이 마음입니까?"
석두가 말하였다.
"눈썹을 번득이거나 눈을 깜박이는 일을 제하고서 마음을 가져오라."
"가져올 마음이 없습니다."
"원래 마음이 있는데 어째서 없다 하는가? 마음이 없다고 하면 모두를 비방하는 말이 된다."
대사가 이 말에 크게 깨달았다.

潮州大顚和尙。初參石頭。石頭問師曰。那箇是汝心。師曰。言語者是。便被喝出。經旬日師却問曰。前者旣不是。除此外何者是心。石頭曰。除却揚眉動目將心來。師曰。無心可將來。石頭曰。元來有心何言無心。無心盡同謗。師言下大悟。

대사가 다른 날에 모시고 서 있으니, 석두가 물었다.
"그대는 참선하는 승려인가, 고을로 돌아다니는 승려인가?"
대사가 말하였다.
"참선하는 승려입니다."
"어떤 것이 선인가?"
"눈썹을 치켜올리고 눈을 깜박이는 것입니다."
"눈썹을 치켜올리고 눈을 깜박이는 일을 떠나서 본래의 면목을 갖다 바쳐 보아라."
"화상께서 눈썹을 번득이고 눈을 깜박이는 일을 떠나서 저에게 보여 주십시오."
석두가 말하였다.
"나에게는 구경이라 함도 없다."
대사가 말하였다.
"저도 이미 화상께 바쳤습니다."
"그대가 이미 바쳤다니, 내 마음이 어떠한가?"
"화상도 다른 것이 없군요."

異日侍立次石頭問曰。汝是參禪僧。是州縣白踢僧。師曰。是參禪僧。石頭曰。何者是禪。師曰。揚眉動目。石頭曰。除却揚眉動目外將你本來面目呈看。師曰。請和尚除揚眉動目外鑒某甲。石頭曰。我除竟。師曰。將呈和尚了也。石頭曰。汝既將呈。我心如何。師曰。不異和尚。

석두가 말하였다.
"너와 관계 없는 일이다."
대사가 말하였다.
"본래 물건이 없습니다."
"너는 또 물건이 없다고 하는가?"
"이미 물건이 없다면 그것이 참 물건이겠습니다."
"참 물건은 얻을 수 없다. 그대 마음의 의지와 뜻이 이러하니 부디 잘 보호해 지녀라."
대사가 나중에 그곳을 떠나 조주에 가서 영산(靈山)에 은거 하니 학자들이 사방에서 모였다.

대사가 법상에 올라 말하였다.
"도를 배우는 사람은 모름지기 자기의 본심(本心)을 알려고 하므로 마음으로써 보여 주면 바야흐로 도를 본다. 흔히 요새 사람들을 보건대 눈썹을 번득이거나 눈을 굴리거나 말하거나 잠자코 있으면 바로 심요(心要)라고 인증하는데, 실제로는 깨닫지 못한 것이다.

石頭曰。不關汝事。師曰。本無物。石頭曰。汝亦無物。師曰。既無物即真物。石頭曰。真物不可得。汝心見量意旨如此也。大須護持。師後辭住潮州靈山隱居。學者四集。師上堂示眾曰。夫學道人須識自家本心。將心相示方可見道。多見時輩。只認揚眉動目一語一默。驀頭印可以為心要。此實未了。

내가 이제 그대들에게 분명히 말해 주겠으니 제각기 자세히 들어라. 다만 온갖 망상과 망상에 의한 소견을 버리면 그것이 그대의 참마음이니, 이 마음은 경계에 응할 때나 잠자코 있을 때와는 아무런 관계가 없다.

마음 그대로가 부처이니 닦고 다스릴 필요가 없다. 무슨 까닭인가? 마땅히 기틀의 비침을 따라서 밝게 스스로 쓰나, 궁극에는 그 쓰는 곳을 끝내 얻을 수 없어서 묘한 작용이라 부르지만 본래 이 마음일 뿐이니, 부디 잘 보호해 지녀서 경솔히 여기지 말라."

어떤 승려가 물었다.
"그 속의 사람끼리 마주볼 때는 어떠합니까?"
대사가 말하였다.
"벌써 그 속이 아니다."
"그 속은 어떠합니까?"
"그런 물음을 하지 않는다."

吾今爲汝諸人分明說出。各須聽受。但除却一切妄運想念見量。即汝眞心。此心與塵境及守認靜默時全無交涉。即心是佛不待修治。何以故。應機隨照冷冷自用。窮其用處了不可得。喚作妙用乃是本心。大須護持不可容易。僧問。其中人相見時如何。師曰。早不其中也。僧曰。其中者如何。師曰。不作箇問。

"괴로움의 바다에 파도가 깊으니 무엇으로 배를 삼으리까?"
대사가 말하였다.
"나무로 배를 만들라."
"그러면 건너집니까?"
"소경은 여전히 소경이요, 벙어리는 여전히 벙어리이다."

問苦海波深以何爲船筏。師曰。以木爲船筏。曰恁麽即得渡也。師曰。盲者依前盲。瘂者依前瘂。

 토끼뿔

"그 속의 사람끼리 마주볼 때는 어떠합니까?" 했을 때

"이렇게 분명한데 묻는 이도 있구나." 하고, 한 대 때렸더라면 즉석에서 좋은 소식이 있을 수도 있었을 것이다.

담주(潭州) 유현(攸縣) 장자(長髭) 광(曠) 선사

광(曠) 선사가 처음에 조계에 가서 6조의 탑에 예배하고 돌아오는 길에 석두(石頭)를 뵈니, 석두가 물었다.
"어디서 오는가?"
대사가 말하였다.
"영남에서 옵니다."
"영(嶺) 마루턱의 어떤 존숙이 공덕을 이루었던가?"
"성취한 지 오래입니다마는 다만 점안(點眼)³²⁾하지 못했습니다."
"점안을 바라는가?"
"청합니다."
석두가 한 발을 드니, 대사가 절을 하였다. 이에 석두가 말하였다.
"그대는 어떤 도리를 보았기에 절을 하는가?"

潭州攸縣長髭曠禪師。初往曹谿禮祖塔。迴參石頭。石頭問。什麼處來。曰嶺南來。石頭曰。嶺頭一尊功德成就也未。師曰。成就久矣。只欠點眼在。石頭曰。莫要點眼麼。師曰。便請。石頭乃翹一足。師禮拜。石頭曰。汝見什麼道理便禮拜。

---

32) 점안(點眼) : 인가를 상징한다.

"제가 보기에는 이글이글 이는 화로불 위에 눈[雪] 한 송이가 떨어진 것 같습니다."[33]

師曰。據某甲所見如洪鑪上一點雪(玄覺云。且道長髭具眼祇對不具眼祇對。若具眼爲什麼請他點眼。若不具眼又道成就久矣。且作麼生商量。法燈代云。和尚可謂眼昏)。

---

33) 현각(玄覺)이 말하기를 "말해 봐라. 장자는 안목을 갖추고서 대답했는가, 갖추지 못하고서 대답했는가? 안목을 갖추었다면 왜 그에게 점안을 청했는가? 만약 안목을 갖추지 못했다면 또 도를 성취한 지 오래라는 말은 어찌 풀이해야 할까?" 하였다.
법등(法燈)이 대신 말하기를 "화상은 눈이 어두우시군요." 하였다. (원주)

 토끼뿔

∽ 이끌어 주심이나 대답이 심히 옳기는 옳으나 둘째 달 놀음일세.

"영 마루턱의 어떤 존숙이 공덕을 이루었던가?" 했을 때

광 선사는 "이루는 것이라면 어찌 공덕이라 하겠습니까?" 했어야 했고,

"성취한 지 오래입니다마는 다만 점안하지 못했습니다." 했을 때

석두께서는 "이것이야말로 점안이다." 하면서 한 대 때려, 다음 나오는 것을 보아 행함으로 좋은 맺음이었다면, 둘째 달 놀음이 안 되었을 것일세.

수공(水空) 화상

수공 화상이 어느 날 복도에서 한 승려를 만나 이렇게 물었다.
"하루의 일이 어떠한가?"
승려가 잠자코 있으니, 대사가 다시 물었다.
"다만 그렇게만 하면 되는가?"
승려가 말하였다.
"머리 위에다 머리를 붙이시는군요."
대사가 때리면서 말하였다.
"가거라, 가. 이후에 남의 집 남녀들을 홀리겠구나."

水空和尙。師一日廊下逢見一僧乃問。時中事作麼生。僧良久。師曰。只恁便得麼。僧曰。頭上更安頭。師便打之曰。去去。已後惑亂人家男女在。

 토끼뿔

"그대가 지금 잠자코 있는 그 경지를 말해 봐라."해서 응해 오는 것을 보아서 병에 따라 약을 베풀듯이 했어야 했다.

행사(行思) 선사의 제3세
형주(荊州) 천황(天皇) 도오(道悟) 선사의 법손

예주(澧州) 용담(龍潭) 숭신(崇信) 선사

숭신 선사는 본래 저궁(渚宮)의 떡 장수의 자손으로서 성씨는 알 수 없으나, 어렸을 때부터 매우 영리하였다.
처음에 도오 화상이 영감(靈鑒)의 은밀한 청을 받아 천황사(天皇寺)에서 살았는데 아무도 아는 이가 없었다. 이때 대사의 집이 절 아래 마을에 있었는데 날마다 떡 열 개를 보내서 공양을 올렸다. 도오는 매번 받아먹고는 항상 떡 한 개씩을 남겨 대사에게 돌려주고는 말하였다.

行思禪師第三世。荊州天皇道悟禪師法嗣。澧州龍潭崇信禪師。本渚宮賣餅家子也。未詳姓氏。少而英異。初悟和尚為靈鑒潛請居天皇寺。人莫之測。師家居於寺巷。常日以十餅饋之。悟受之每食畢。常留一餅曰。

"내가 그대에게 주어 자손들에게 복이 내리게 한다."

어느 날 대사가 스스로 생각하였다.

"떡은 내가 가지고 갔는데 왜 나에게 돌려줄까? 무슨 뜻이 있는가 보다."

그리하여 곧장 찾아가서 물으니, 도오가 말하였다.

"그대가 가져온 것을 그대에게 돌려주는 것이 무엇이 이상한가?"

대사가 이 말을 듣고 현묘한 뜻을 짐작하게 되었다. 그리하여 출가할 뜻을 말하니, 도오가 말하였다.

"그대는 옛적에 복과 선을 숭상해 믿었으므로 이제 내 말을 믿게 되었으니 숭신(崇信)이라 부르리라."

이로부터 곁에서 부지런히 시봉을 하였는데 어느 날 물었다.

"제가 여기에 온 뒤로 아직껏 마음의 요체를 가리켜 보여 주시는 것을 보지 못했습니다."

"나는 네가 온 뒤로 설법을 하지 않은 때가 없었다."

"어디서 가리켜 보여 주셨습니까?"

吾惠汝以蔭子孫。師一日自念曰。餅是我持去。何以返遺我耶。其別有旨乎。遂造而問焉。悟曰。是汝持來。復汝何咎。師聞之頗曉玄旨。因請出家。悟曰。汝昔崇福善。今信吾言。可名崇信。由是服勤左右。一日問曰。某自到來不蒙指示心要。悟曰。自汝到來吾未嘗不指示汝心要。師曰。何處指示。

"네가 차를 끓여오면 나는 너를 위해 받았고, 밥을 갖다 주면 너를 위해 받았으며, 인사를 하면 고개를 숙였다. 어느 곳에서인들 마음의 요체를 가리켜 보이지 않았던가?"

대사가 머리를 숙이고 잠자코 앉았으니, 도오가 말하였다.

"보려면 당장에 보아야지 생각해서 하면 벌써 어긋난다."

대사는 이 말에 당장 깨닫고 다시 물었다.

"어떻게 보림하오리까?"

"성품에 맡기어 유유히 노닐면 인연을 따르되 걸림이 없다. 다만 범부의 마음만 다했을 뿐, 따로 수승한 견해가 없느니라."

대사가 나중에 예양의 용담사에 가서 사는데, 어떤 승려가 와서 물었다.

"상투 안의 구슬을 누가 얻습니까?"

"즐기거나 감상하지 않는 이가 얻는다."

"어디에 둡니까?"

悟曰。汝擎茶來吾爲汝接。汝行食來吾爲汝受。汝和南時吾便低首。何處不指示心要。師低頭良久。悟曰。見則直下便見。擬思即差。師當下開解。乃復問如何保任。悟曰。任性逍遙隨緣放曠。但盡凡心無別勝解。師後詣澧陽龍潭棲止。僧問。髻中珠誰人得。師曰。不賞翫者得。僧曰。安著何處。

대사가 말하였다.

"곳이 있느니라."

"곳이 있으면 일러 주십시오."

비구니 대중이 물었다.

"어찌하여야 승려가 되겠습니까?"

대사가 말하였다.

"비구니가 된 지 얼마나 되는가?"

"승려가 된 적이 있겠습니까?"

"지금은 무엇이냐?"

"분명 비구니인데 왜 모르십니까?"

"누가 그대를 알겠는가?"

이고가 대사에게 물었다.

"어떤 것이 진여이며 반야입니까?"

대사가 말하였다.

"나에게는 진여니 반야니가 없다."

師曰。有處。僧曰。有處即道來。尼眾問。如何得爲僧去。師曰。作尼來多少時也。尼曰。還有爲。僧時也無。師曰。汝即今是什麼。尼曰。現是尼身何得不識。師曰。誰識汝。李翱問。如何是眞如般若。師曰。我無眞如般若。

이고가 말하였다.

"화상을 만난 것이 다행입니다."

대사가 말하였다.

"이것도 오히려 분수 밖의 말이다."

덕산(德山)이 물었다.

"용담(龍潭)의 소문을 들은 지 오래인데, 와서 보니 못도 보이지 않고 용도 나타나지 않는군요."

대사가 말하였다.

"그대야말로 친히 용담에 이르렀느니라."

덕산이 그만두었다.[34]

翺曰。幸遇和尚。師曰。此猶是分外之言。德山問。久嚮龍潭。到來潭又不見龍亦不現。師曰。子親到龍潭。德山即休(玄覺云。且道德山肯龍潭不肯龍潭。若肯龍潭德山眼在什麼處。若不肯為什麼承嗣他)。

---

34) 현각(玄覺)이 말하기를 "말해 봐라. 덕산(德山)이 용담을 수긍했는가, 수긍하지 않았는가? 수긍했다면 덕산의 안목이 어디에 있는가, 수긍하지 않았다면 어째서 대를 이어가는가?" 하였다. (원주)

 토끼뿔

"어떤 것이 진여이며 반야입니까?" 했을 때

대원은 "이때야말로 진여이며 반야니라." 하리라.

등주(鄧州) 단하산(丹霞山) 천연(天然) 선사의 법손

경조(京兆) 종남산(終南山) 취미(翠微) 무학(無學) 선사

무학 선사가 처음에 단하(丹霞)에게 물었다.
"어떤 것이 모든 부처님들의 스승입니까?"
단하가 꾸짖으면서 말하였다.
"이 딱한 사람아, 수건과 비를 들어서 무엇 하려 하는가?"
대사가 세 걸음 물러서니, 단하가 말하였다.
"틀렸다."
대사가 앞으로 나서니, 단하가 말하였다.
"틀렸다, 틀렸다."

鄧州丹霞山天然禪師法嗣。京兆終南山翠微無學禪師。初問丹霞。如何是諸佛師。丹霞咄曰。幸自可憐生。須要執巾箒作麼。師退三步。丹霞曰。錯。師却[35]進前。丹霞曰。錯錯。

---

35) 却이 송나라본에는 卽으로 되어있다.

대사가 한 발을 들고 몸을 한 바퀴 돌린 뒤에 나가니, 단하가 말하였다.

"얻기는 얻었으나 부처님들과는 멀었구나."

대사가 이로 인해 현묘한 뜻을 깨닫고 취미에 살기 시작하였다.

투자(投子)가 물었다.

"2조가 처음으로 달마를 보았을 때에 무엇을 얻었습니까?"

대사가 말하였다.

"그대가 지금 나를 보고는 또 무엇을 얻었는가?"

어느 날 대사가 법당 안에서 거니는데, 투자가 앞으로 나서서 절을 하고 물었다.

"서쪽에서 온 비밀한 뜻을 화상께서는 어떻게 남에게 보이십니까?"

대사가 잠시 걸음을 멈추니, 투자가 또 말하였다.

"스님께서 가르쳐 주십시오."

師翹一足旋身一轉而出。丹霞曰。得即得孤他諸佛。師由是領旨住翠微。投子問。未審二祖初見達磨當何所得。師曰。汝今見吾復何所得。一日師在法堂內行。投子進前接禮而問曰。西來密旨和尚如何示人。師駐步少時。又曰。乞師垂示。

대사가 말하였다.

"더러운 물을 한 바가지 더해서 무엇 하려는가?"

투자가 절을 하고 물러가니, 대사가 말하였다.

"그치려고도 쌓으려고도 말라."

투자가 대답하였다.

"때가 되면 뿌리에서 싹이 자연히 나겠습니다."

대사가 나한께 공양을 올리는데, 어떤 승려가 물었다.

"단하 스님은 나무부처를 태웠는데, 화상께서는 어찌하여 나한께 공양을 올리십니까?"

"태워도 태운 것이 아니니 공양도 또한 공양할 뿐이다."

"나한께 공양하면 나한께서 오십니까?"

"그대는 매일 먹었는가?"

승려가 대답이 없으니, 대사가 말하였다.

"영리한 사람이 드물구나."

師曰。更要第二杓惡水作麼。投子禮謝而退。師曰。莫垛却。投子曰。時至根苗自生。師因供養羅漢。有僧問曰。丹霞燒木佛。和尚為什麼供養羅漢。師曰。燒也不燒著。供養亦一任供養。又問。供養羅漢羅漢還來也無。師曰。汝每日還喫麼。僧無語。師曰。少有靈利底。

 토끼뿔

"2조가 처음으로 달마를 보았을 때에 무엇을 얻었습니까?"했을 때

대원이었다면 말없이 있다가 "잘 보았느냐?" 했을 것이다.

단하산(丹霞山) 의안(義安) 선사(제2세 주지)

의안 선사에게 어떤 승려가 물었다.
"어떤 것이 부처입니까?"
대사가 말하였다.
"어떤 것이 상좌인가?"
"그렇다면 다를 것이 없겠습니다."
"너에게 할 말이다."

丹霞山義安禪師(第二世住)。僧問。如何是佛。師曰。如何是上座。曰恁麼即無異去也。師曰。向汝道。

 토끼뿔

"그렇다면 다를 것이 없겠습니다." 했을 때

대원이었다면 한 대 때렸을 것이니, 일편 꾸짖으며 보여 주는 방망이라 하겠는가, 바로 보여 주는 방망이라 하겠는가? 말해 봐라.

길주(吉州) 성공(性空) 선사

성공 선사에게 어떤 승려가 와서 뵈니, 대사가 손을 벌려 보였다. 승려가 앞으로 다가섰다가 다시 물러서니, 대사가 말하였다.
"부모가 모두 죽었는데도 전혀 슬퍼하는 기색이 없구나."
그 승려가 껄껄 크게 웃으니, 대사가 말하였다.
"잠시 그대를 위해 슬퍼해 주마."
그 승려가 재주를 넘으면서 나가니, 대사가 말하였다.
"아이고, 아이고."

吉州性空禪師。有一僧來參。師乃展手示之。僧近前却退。師曰。父母俱喪略不慘顏。僧呵呵大笑。師曰。少間與闍梨舉哀。其僧打筋斗而出。師曰。蒼天蒼天。

 토끼뿔

　대원이라면 "부모가 모두 죽었는데도 전혀 슬퍼하는 기색이 없구나."를 "자손이 모두 죽었는데도 전혀 슬퍼하는 기색이 없구나." 했을 것이고,

　그 승려가 껄껄 크게 웃었을 때에도
"육조 대사께서 말씀하시기를 마음을 통달해서는 말에도 통달해야 해가 중천에 뜸과 같다 하셨다. 그대 웃음의 경지를 자세히 말해 봐라." 해서 응해 오는 것을 보아 이끌었을 것이다.

본동(本童) 화상

본동 화상 문하의 승려가 대사의 초상화를 그려 바치니, 대사가 말하였다.
"이것이 나라면 다시 누구에게 바치려 하는가?"
승려가 말하였다.
"어찌 분수 밖의 일이겠습니까?"
"만일 분수 밖의 것이 아니라면 그대는 다시 그것을 가져가라."
그 승려가 거두려 하니, 대사가 얼른 때리면서 말하였다.
"진짜 분수 밖인데 억지를 쓰는구나."
"그렇다면 꼭 스님께 바쳐야겠군요."
"거두어라, 거두어."

本童和尚。因門僧寫師眞呈師。師曰。此若是我更呈阿誰。僧曰。豈可分外。師曰。若不分外汝却收取這箇。僧便擬收。師打云。正是分外强爲。僧曰。若恁麼卽須呈於師。師曰。收取收取。

 토끼뿔

"어찌 분수 밖의 일이겠습니까?" 했을 때

대원이었다면 한 대 때리고 "여기서도 그렇게 이르겠느냐?" 해서 응해 오는 것을 따라 이끌었을 것이다.

미창(米倉) 화상

미창 화상에게 어떤 승려가 새로 와서 대사를 세 번 돌고 선상(禪床)을 두드리면서 말하였다.
"주인 늙은이가 보이지 않으니 끝내 참선하는 대중 속에 끼지는 않겠습니다."
대사가 말하였다.
"어느 곳의 도깨비가 왔다 갔다 하느냐?"
"과연 없군요."
대사가 주장자로 한 차례 때리니, 승려가 말하였다.
"몇 번이나 정식(情識)에 떨어졌던고."
그리고는 그 승려가 껄껄 웃으니, 대사가 말하였다.
"시골 풀밭 길에서 한 번 만났는데 무슨 말이 있겠느냐?"
승려가 말하였다.
"가서 대중이나 뵙겠습니다."

米倉和尙。有僧新到參。繞師三匝敲禪床曰。不見主人翁終不下參衆。師曰。什麼處情識去來。僧曰。果然不在。師打一拄杖。僧曰。幾落情識呵呵。師曰。村草步頭逢著一箇有什麼話處。僧曰。且參衆去。

 토끼뿔

"주인 늙은이가 보이지 않으니 끝내 참선하는 대중 속에 끼지는 않겠습니다." 했을 때

"외통눈을 겨우 뜬 이 철부지구나." 하며 할을 했어야 했다.

약산(藥山) 유엄(惟儼) 선사의 법손

담주(潭州) 도오산(道吾山) 원지(圓智) 선사

원지 선사는 예장(豫章) 해혼(海昏) 사람으로 성은 장(張)씨이다. 어릴 적에 반(槃) 화상에게 계를 받고 약산의 법회에 가서 비밀리에 심인(心印)을 깨달았다.

어느 날 약산이 물었다.

"그대는 어디를 갔다 왔는가?"

대사가 말하였다.

"산을 돌고 왔습니다."

"이 방〔室〕을 여의지 말고 빨리 말해 봐라."

藥山惟儼禪師法嗣。潭州道吾山圓智禪師。豫章海昏人也。姓張氏。幼依槃和尚受教登戒。預藥山法會密契心印。一日藥山問。子去何處來。曰遊山來。藥山曰。不離此室速道將來。

대사가 말하였다.

"산 위의 까마귀 새끼는 눈과 같이 희고, 시냇물 속의 고기는 바빠서 멈추지 않습니다."

대사가 운암과 함께 모시고 서 있는데, 약산이 말하였다.

"지혜로도 이르지 못하는 곳이니 말하는 것을 꺼려라. 말하면 뿔이 난다. 원지 두타(頭陀)는 어찌하겠는가?"

대사가 나와 버리니, 운암이 약산에게 물었다.

"원지 사형은 어째서 화상의 말씀에 대답하지 않았습니까?"

약산이 말하였다.

"나는 오늘 등이 아프다. 이 일은 그가 알 것이니 그에게 가서 물어 봐라."

운암이 다시 와서 대사에게 물었다.

"아까 사형은 어째서 화상의 말씀에 대답하지 않았습니까?"

대사가 말하였다.

曰山上烏兒白似雪。澗底遊魚忙不徹。師與雲巖侍立次。藥山曰。智不到處切忌道著。道著即頭角生。智頭陀怎麼生。師便出去。雲巖問藥山曰。智師兄為什麼不祇對和尚。藥山曰。我今日背痛。是他却會。汝去問取。雲巖即來問師曰。師兄適來為什麼不祇對和尚。師曰。

"그대는 화상께 가서 물어 봐라."[36]

운암이 임종할 때에 하직하는 편지를 써서 사람을 시켜 대사에게 보냈는데, 대사가 펴서 읽어보고 말하였다.
"운암은 당시에 대답하지 않았던 것을 뉘우치지 못하는구나. 그러나 비록 그렇더라도 약산의 제자임에는 틀림이 없다."[37]

약산이 법상에 올라 말하였다.
"나에게 일구(一句)가 있는데 아직 아무에게도 말한 적이 없다."
대사가 나서면서 말하였다.
"서로 따릅니다."

汝却去問取和尚(僧問雲居。切忌道著意怎麽生。雲居云。此語最毒。僧云。如何是最毒底語。雲居云。一棒打殺龍蛇)。雲巖臨遷化時。遣人送辭書到。師展書覽之日。雲巖不知有悔。當時不向伊道。然雖如是要且不違藥山之子(玄覺云。古人恁麽道還有也未。又云。雲巖當時不會。且道什麽處是伊不會處)。藥山上堂云。我有一句子未曾說向人。師出云。相隨來也。

---

36) 어떤 승려가 운거(雲居)에게 묻기를 "말하는 것을 꺼리라는 뜻은 무엇입니까?" 하니, 운거가 말하기를 "이 말은 가장 독기 있는 말이다." 하였다. 승려가 다시 묻기를 "어떤 것이 독기 있는 말입니까?" 하니, 운거가 말하기를 "용과 뱀을 한 방망이로 때려 죽인다." 하였다. (원주)
37) 현각(玄覺)이 말하기를 "옛 사람이 그러한 것에 도리가 있느냐, 없느냐?" 하였다. 또 말하기를 "운암이 당시에 몰랐다 하니, 어디가 알지 못한 곳인가? 말해 봐라." 하였다. (원주)

어떤 승려가 약산에게 물었다.
"일구(一句)를 어떻게 말합니까?"
약산이 말하였다.
"말로 할 수 없느니라."
대사가 말하였다.
"벌써 말씀해 버렸습니다."

대사가 누웠는데, 비수(椑樹) 화상이 와서 말하였다.
"무엇을 하시오?"
"이불을 덮었소."
"누웠소, 앉았소?"
"눕고 앉는 데 있지 않소."
"그렇다면 어찌 덮었다 하셨소?"
"함부로 말하지 마오."

대사가 비수 화상이 앉아 있는 것을 보고 말하였다.
"무엇을 하시오?"
비수가 합장하며 고개를 숙였다.

僧問藥山。一句子如何說。藥山曰。非言說。師曰。早言說了也。師臥次椑樹云。作甚麽。師云。蓋覆。椑云。臥是坐是。師云。不在兩頭。椑云。爭奈蓋覆。師云。莫亂道。師見椑樹坐次。師云。作什麽。椑云。和南。

대사가 말하였다.

"멀리 떨어져 있은 지가 얼마였던가?"

비수가 말하였다.

"바로 이때입니다"

그리고는 소매를 흔들면서 나가버렸다.

대사가 삿갓을 들고 나가는데, 운암이 말하였다.

"무엇을 합니까?"

대사가 말하였다.

"쓸 곳이 있소."

"비바람이 닥치면 어찌하려 합니까?"

"덮어쓰지."

"그것도 덮어씌울 수 있습니까?"

"비록 그러나 이와 같아서 샘〔漏〕이 없다."

위산(潙山)이 운암(雲巖)에게 물었다.

"보리는 무엇으로써 자리를 삼는가?"

師云。隔闊來多少時。稗云。恰是。乃拂袖出。師提笠子出。雲巖云。作甚麼。師云。有用處。巖云。風雨來怎麼生。師云。蓋覆著。巖云。他還受蓋覆麼。師云。雖然如此且無遺漏。 因潙山問雲巖。菩提以何為座。

운암이 대답하였다.

"무위로써 자리를 삼습니다."

그리고는 운암이 도로 위산에게 물으니, 위산이 말하였다.

"모든 법이 공함으로써 자리를 삼는다."

그리고는 위산이 또 대사에게 물었다.

"어떤가?"

대사가 말하였다.

"앉으려면 앉고 누우려면 눕겠지만, 온통인 사람만은 앉지도 눕지도 않으니, 빨리 이르고 빨리 이르십시오."

위산이 대사에게 물었다.

"어디에 갔다 오는가?"

대사가 말하였다.

"병자를 돌보고 옵니다."

"몇 사람이나 병이 났는가?"

"병든 이도 있고 병들지 않은 이도 있습니다."

"병들지 않은 이라 함은 원지 스님을 가리키는 것이 아닌가?"

雲巖曰。以無為為座。雲巖却問潙山。潙山曰。以諸法空為座。潙山又問師。怎麼生。師曰。坐也聽伊坐。臥也聽伊臥。有一人不坐不臥。速道速道。潙山問師。什麼處去來。師曰。看病來。曰有幾人病。師曰。有病底有不病底。曰不病底莫是智頭陀否。

대사가 말하였다.

"병들거나 병들지 않거나 그와는 전혀 관계가 없으니, 빨리 이르고 빨리 이르십시오."

어떤 승려가 물었다.

"만 리에 구름이 없어도 본래의 하늘은 아니리니, 어떤 것이 본래의 하늘입니까?"

대사가 말하였다.

"오늘은 볕이 좋으니 보리를 말려라."

"신통 없는 보살의 발자국을 어째서 찾기 어렵습니까?"
"도가 같아야 안다."
"화상께서는 아십니까?"
"모른다."
"어째서 모르십니까?"
"그대는 내 말을 모르는구나."

師曰。病與不病總不干他事。急道急道。僧問。萬里無雲未是本來天。如何是本來天。師曰。今日好曬麥。問無神通菩薩為什麼足迹難尋。師曰。同道方知。曰和尚知否。師曰。不知。曰為什麼不知。師曰。汝不識我語。

운암이 물었다.

"사형의 가풍은 무엇입니까?"

대사가 말하였다.

"그대가 가리킨 것을 감히 무어라 하겠는가?"

"그것 없은 지가 얼마나 되었던가요?"

"잇몸에서 여전히 떫은 맛이 난다."

"어떤 것이 지금 힘쓰는 곳입니까?"

"천 사람이 불러도 고개조차 돌리지 않아야 비로소 조그만큼의 자격이 있다."

"홀연히 불이 났을 때에는 어떠합니까?"

"땅덩이를 모두 태운다."

대사가 어떤 승려에게 물었다.

"잔불과 회불을 제외하고 어느 것이 불이냐?"

"불이 아닙니다."

다른 승려가 곁에 있다가 물었다.

"스님께서는 불을 보셨습니까?"

雲巖問。師兄家風作麼生。師曰。教汝指點著堪作什麼。曰無這箇來多少時也。師曰。牙根猶帶生澁在。又問。如何是今時著力處。師曰。千人喚不迴頭方有少分。曰忽然火起時如何。師曰。能燒大地。師問僧。除却星及焰阿那箇是火。僧曰。不是火。別一僧却問師還見火否。

담주(潭州) 도오산(道吾山) 원지(圓智) 선사

대사가 말하였다.

"보았다."

"어느 곳에서 일어나는 것을 보았습니까?"

"다니고, 멈추고, 앉고, 눕는 일을 떠나서 다시 한번 물어 봐라."

남전(南泉)이 대중에게 보이고 말하였다.

"법신에도 사대(四大)가 갖추어져 있겠는가? 대답하는 이에게는 잠방이 하나를 주리라."

대사가 말하였다.

"성품의 바탕은 '공'한 것도 아니요, '공'한 것이라 하면 성품의 바탕이 아니니, 이것이 지대(地大)입니다. 나머지 삼대도 그러합니다."

남전이 앞의 약속을 어기지 않고 잠방이 하나를 대사에게 주었다.

운암(雲巖)이 편치 않으니 대사가 보러 가서 말하였다.

"이 껍질을 떠나서는 어디서 다시 만날까?"

師曰。見。曰見從何起。師曰。除却行住坐臥更請一問。南泉示眾云。法身具四大否。有人道得與他一腰褌。師云。性地非空空非性地。此是地大。三大亦然。南泉不違前言乃與師褌。師見雲巖不安。乃謂曰。離此殼漏子向什麼處相見。

운암이 말하였다.
"나지 않고 멸하지 않는 곳에서 만납시다."
"왜 나지 않고 멸하지 않는 곳에서도 만나기를 바라지 않는다고 하지 않는가?"

운암이 신을 깁는 것을 보고 대사가 물었다.
"무얼 하는가?"
"부서진 것으로 부서진 것을 꿰맵니다."
"왜 부서진 것이 곧 부서지지 않은 것이라고 말하지 않는가?"

어떤 승려가 『유마경』을 읽는데 '8천 보살과 5백 성문이 모두 문수사리를 따르려 했다'는 대목을 듣고 대사가 물었다.
"어디로 간다는 것인가?"
그 승려가 대답이 없으니, 대사가 때렸다.
나중에 승려가 화산(禾山)에게 물으니, 화산이 대신 대답하였다.
"급(給) 시자는 알고 있습니다."

巖云。不生不滅處相見。師曰。何不道非不生不滅處亦不求相見。師見雲巖補草鞋云。作甚麼。巖云。將敗壞補敗壞。師云。何不道即敗壞非敗壞。師聞僧念維摩經云。八千菩薩五百聲聞皆欲隨從文殊師利。師云。甚麼處去。其僧無對。師便打。後僧問禾山。禾山代云。給侍者方諳。

대사가 산을 내려와 오봉(五峯)에 가니, 오봉이 물었다.
"약산(藥山) 노숙(老宿)을 알고 있습니까?"
대사가 말하였다.
"모르오."
"왜 모르십니까?"
"모른다. 몰라."

어떤 이가 물었다.
"어떤 것이 화상의 가풍입니까?"
대사가 선상에서 내려와 여자 절을 하면서 말하였다.
"그대가 멀리서 와서 고마운데 도무지 접대할 것이 없구나."
"어떤 것이 조사께서 서쪽에서 오신 뜻입니까?"
"동토(東土)에서 만난 적이 없다"

"선사(先師)님의 재(齋)를 지내는데, 선사께서 오시겠습니까?"
"그대들이여, 이 재는 지내서 무엇 하겠는가?"

師下山到五峯。五峯問。還識藥山老宿否。師曰。不識。五峯曰。為甚麼不識。師曰。不識不識。問如何是和尚家風。師下禪床作女人拜曰。謝子遠來都無祗待。問如何是祖師西來意。師曰。東土不曾逢。問設先師齋未審先師還來也無。師曰。汝諸人設齋作麼生。

"머리 위에 보배관을 썼다 해도 나는 옳다고 하지 못하겠으니 어떠합니까?"

"그가 듣는다."

"화상께서는 어떠하십니까?"

"내게는 그런 것이 없다."

석상(石霜)이 대사에게 물었다.

"백 년 뒤에 어떤 사람이 궁극의 일을 물으면, 어떻게 대답하시겠습니까?"

대사가 사미를 불러 사미가 대답하니, 대사가 말하였다.

"병에 물을 넣어다오."

그리고는 말없이 보이고, 도리어 석상에게 물었다.

"아까 무엇을 물었던가?"

석상이 다시 이야기하니, 대사는 그만 일어나서 가버렸다.

다른 날 석상이 또 물었다.

問頭上寶蓋生不得道我是如何。師曰。聽他。曰和尚如何。師曰。我無這箇。石霜問師。百年後有人問極則事。作麼生向他道。師喚沙彌。沙彌應諾。師曰。添却淨缾水著。師良久却問石霜。適來問什麼。石霜再擧。師便起去。石霜異日又問。

"화상의 한 조각 뼈를 두드려 구리 같은 소리가 날 때에는 어디로 가시겠습니까?"

대사가 시자를 불러 시자가 대답하니, 대사가 말하였다.

"당나귀해에나 가겠구나."

대사가 당의 대화(大和) 9년 을묘(乙卯) 9월에 병을 얻어 괴로워하므로 대중이 문안을 가니, 대사가 말하였다.

"받기만 하고 갚지 않는 것을 그대들은 알겠는가?"

대중이 모두 슬퍼하였는데, 11일에 떠나려 하다가 대중에게 말하였다.

"나는 응당 서쪽으로 가지 동쪽으로 갈 이유가 없다."

말을 마치자 입적하니, 수명은 67세였다. 화장한 뒤에 사리 몇 과를 얻어 석상산의 남쪽에다 탑을 세우니, 시호는 수일 대사(修一大師)이고, 탑호는 보상(寶相)이라 하였다.

和尚一片骨敲著似銅鳴。向什麽處去也。師喚侍者。侍者應諾。師曰。驢年去。師唐大[38]和九年乙卯九月示疾有苦。僧眾慰問體候。師曰。有受非償子知之乎。眾皆愀然。十一日將行。謂眾曰。吾當西邁理無東移。言訖告寂。壽六十有七。闍維得靈骨數片。建塔於石霜山之陽。勅諡修一大師。塔曰寶相。

---

38) 大가 명나라본에는 太로 되어있다.

 토끼뿔

○ "이 껍질을 떠나서는 어디서 다시 만날까?" 했을 때

대원은 "무엇을 보며 말하기에 그 같은 말을 하시오. 차나 드시지요." 하리라.

○ "왜 부서진 것이 곧 부서지지 않은 것이라고 말하지 않는가?" 했을 때

대원은 "목녀의 솜씨가 어떠합니까?" 하리라.

○ "어떤 것이 화상의 가풍입니까?" 했을 때

대원은 "그대 말에 대답한다." 해서 뒷말들이 없게 했으리라.

담주(潭州) 운암(雲巖) 담성(曇晟) 선사

담성 선사[39]는 종릉(鍾陵) 건창(建昌) 사람으로 성은 왕(王)씨이다. 어릴 때에 석문사(石門寺)에서 승려가 되어 처음으로 백장 회해 선사를 뵈었으나, 현묘한 이치를 깨닫지 못한 채 20년 동안을 곁에서 모셨다. 백장 선사가 열반에 들자, 대사는 약산(藥山)을 뵙고 언하에 깨달았다.[40]

어느 날 약산이 물었다.
"그대가 백장에 있던 것 이외에 어디를 다녀왔는가?"
대사가 말하였다.
"일찍이 광남(廣南)에까지 갔다 왔습니다."
"듣건대 광주성의 동문 밖에 둥근 돌이 하나 있는데, 군수가 옮기려 했다고 하던데 사실인가?"

潭州雲巖曇晟禪師。鍾陵建昌人也。姓王氏。少出家於石門。初參百丈海禪師。未悟玄旨侍左右二十年。百丈歸寂。師乃謁藥山言下契會(語見藥山章)。一日藥山問。汝除在百丈。更到什麼處來。師曰。曾到廣南來。曰見說廣州城東門外有一團石。被州主移却是否。

---

39) 담성 선사(782 ~ 841).
40) 이 말은 약산장에 있다. (원주)

대사가 말하였다.

"군수뿐이 아니라 온 나라 사람이 옮기려 해도 옮기지 못합니다."

약산이 다시 물었다.

"듣건대 그대는 사자를 놀릴 줄 안다는데 사실인가?"

"사실입니다."

"몇 가지 재주나 부리는가?"

"여섯 가지 재주를 부립니다."

"나도 사자를 놀린다."

"화상께서는 몇 가지 재주나 부리십니까?"

"나는 한 가지 재주만 부린다."

"하나가 곧 여섯이요, 여섯이 곧 하나입니다."

대사가 나중에 위산에 갔더니, 위산이 물었다.

"듣건대 장로는 약산에 있으면서 사자를 놀렸다니 사실이오?"

대사가 대답하였다.

"사실입니다."

師曰。非但州主。闔國人移亦不動。藥山乃又問。聞汝解弄獅子是否。師曰。是。曰弄得幾出。師曰。弄得六出。曰我亦弄得。師曰。和尚弄得幾出。曰我弄得一出。師曰。一即六六即一。師後到潙山。潙山問曰。承長老在藥山弄獅子是否。師曰。是。

위산이 말하였다.
"영원히 놀리는가, 그칠 때도 있는가?"
대사가 말하였다.
"놀리려면 놀리고, 그치려면 그칩니다."
"그칠 때에는 사자가 어디에 있소?"
"그쳤소, 그쳤어."

어떤 이가 물었다.
"위로부터의 모든 성인이 어디로 갔습니까?"
대사가 말없이 보이고 말하였다.
"무엇이라 했는가, 무엇이라 했어?"

"잠시 죽은 사람처럼 있는 것 같지도 않을 때는 어떠합니까?"
"묻어 버리는 것이 좋겠다."

"크게 보림하는 사람은 그것과 하나입니까, 둘입니까?"

曰長弄耶還有置時。師曰。要弄即弄要置即置。曰置時獅子在什麼處。師曰。置也置也。問從上諸聖什麼處去。師良久云。作麼作麼。問暫時不在如同死人如何。師曰。好埋却。問大保任底人與那箇是一是二。

"한 틀에서 짠 비단이 한 끝이겠는가, 두 끝이겠는가?"
동산(洞山)이 이 말을 듣고 말하였다.
"사람이 나무를 대하는 것 같구나."

대사가 차를 달이는데, 도오가 물었다.
"차를 달여서 누구에게 주는가?"
대사가 말하였다.
"어떤 한 사람이 요구합니다."
"왜 그더러 몸소 달이라 하지 않는가?"
"마침 제가 있으니까요."

대사가 석상에게 물었다.
"어디서 왔습니까?"
석상이 대답하였다.
"위산에서 왔습니다."
"거기에 얼마나 오래 있었습니까?"

師云。一機之絹是一段是兩段。洞山聞云。如人接樹。師煎茶次道吾問。煎與阿誰。師曰。有一人要。曰何不敎伊自煎。師曰。幸有某甲在。師問石霜。什麼處來。霜云。潙山來。師云。在彼中得多少時。

석상이 말하였다.

"엄벙덤벙 여름과 겨울을 지냈습니다."

대사가 말하였다.

"그렇다면 산의 어른이 됐겠군요."

"거기에 있었다는 것조차 모릅니다."

"그 가풍은 또한 아는 것도 모르는 것도 아니지 않소."

석상이 대답이 없었다. 나중에 도오가 이 말을 듣고 말하였다.

"이와 같이 깨달으면 불법에는 몸이나 마음이라는 것도 없겠군."

나중에 대사가 담주(潭州) 유현(攸縣)에 있는 운암산에 살았는데, 어느 날 대중에게 말하였다.

"어떤 집에 아들이 있는데 물으면 대답하지 못하는 것이 없다."

동산(洞山)이 물었다.

"그 집 안에 책이 얼마나 있습니까?"

대사가 말하였다.

"한 글자도 없다."

霜云。粗經多夏。師云。恁麼即成山長也。霜云。雖在彼中却不知。師云。他家亦非知非識。無對。後道吾聞云。得恁無佛法身心。師後居潭州攸縣雲巖山。一日謂眾曰。有箇人家兒子。問著無有道不得底。洞山問。他屋裏有多少典籍。師曰。一字也無。

동산이 말하였다.

"그런데 어찌 그리 많이 압니까?"

대사가 말하였다.

"밤낮으로 자지 않기 때문이니라."

"한 조각의 일이라도 얻을 수 있겠습니까?"

"도는 얻었다 하면 도가 아니다."

대사가 어떤 승려에게 물었다.

"어디서 오는가?"

승려가 대답하였다.

"첨향에서 옵니다."

"부처님을 보았는가?"

"보았습니다."

"어디서 보았는가?"

"중생 세계에서 보았습니다."

"옛 부처로구나, 옛 부처야."

曰爭得恁麼多知。師曰。日夜不曾眠。曰問一段事還得否。師曰。道得却不道。師問僧。什麼處來。僧曰。添香來。師曰。見佛否。曰見。師曰。什麼處見。曰下界見。師曰。古佛古佛。

도오 선사가 물었다.

"천수천안대비보살은 어느 것이 정안(正眼)인가?"

대사가 말하였다.

"마치 등불이 없을 때 베개를 더듬어 잡았다면 얻은 것이겠습니까?"

"알겠네, 알겠네."

"어떻게 알았단 말입니까?"

도오가 말하였다.

"온통 이 눈이다."

대사가 마당을 쓰는데, 위산이 말하였다.

"퍽 분주하구나."

대사가 말하였다.

"분주하지 않은 놈이 있는 줄도 알아야지요."

"그렇다면 둘째 달(月)이 있는 것이군."

대사가 비를 세우고서 말하였다.

"이것은 몇째 달입니까?"

道吾問。大悲千手眼那箇是正眼。師曰。如無燈時把得枕子怎麼生。道吾曰。我會也我會也。師曰。怎麼生會。道吾曰。通身是眼。師掃地次潙山云。太驅驅生。師云。須知有不驅驅者。潙山云。恁麼即有第二月也。師竪起掃箒云。這箇是第幾月。

그러자 위산이 머리를 숙이고 떠나 버렸다.[41]

대사가 어떤 승려에게 물었다.
"어디서 왔는가?"
"반석 위에서 이야기를 하다가 옵니다."
"돌이 고개를 끄덕이던가?"
 승려가 대답하지 못하니, 대사가 말하였다.
"묻기 전에 벌써 돌이 고개를 끄덕였다 하라."

대사가 신을 삼는데, 동산이 물었다.
"스님께 눈동자를 얻으러 왔는데 주시겠습니까?"
대사가 말하였다.
"그대의 것은 누구에게 주었는가?"
"저는 없습니다."
"있었는데 그대가 어디다 두었는가?"

　　潙山低頭而去(玄沙聞云。正是第二月)。師問僧。什麼處來。僧曰。石上語話來。師曰。石還點頭也無。僧無對。師曰。未問時却點頭。師作鞋次洞山問。就師乞眼睛。未審還得也無。師曰。汝底與阿誰去也。曰良价無。師曰。有。汝向什麼處著。

---

41) 현사(玄沙)가 이 이야기를 듣고 말하기를 "정말 둘째 달이군." 하였다. (원주)

동산이 말이 없으니, 대사가 말하였다.
"눈을 달라는 것이 눈이 아닌가?"
"눈이 아닙니다."
"돌(咄)⁴²⁾."

대사가 비구니들에게 물었다.
"그대들은 아버지가 있는가?"
"계십니다."
"나이가 얼마나 되는가?"
"80세입니다."
"그대들에게 80세가 아닌 아버지가 있다는 것을 알고 있는가?"
"이렇게 온 것이 바로 그가 아니겠습니까?"
"역시 나의 자손이구나."⁴³⁾

洞山無語。師曰。乞眼睛底是眼否。曰非眼。師咄之。師問尼衆。汝爺在否。曰在。師曰。年多少。曰年八十。師曰。汝有箇爺不年八十還知否。曰莫是恁麼來者。師曰。猶是兒孫在(洞山云。直是不恁麼來者。亦是兒孫)。

---

42) 돌(咄) : 꾸짖거나 혀를 차는 소리.
43) 동산(洞山)이 말하기를 "바로 그렇게 오지 않았어도 역시 자손들이다." 하였다. (원주)

어떤 승려가 물었다.

"한 생각이 깜박 일어나서 마의 세계에 빠질 때에는 어떠합니까?"

"그대는 무엇을 인해서 부처의 세계로부터 왔는가?"

승려가 대답이 없으니, 대사가 말하였다.

"알겠는가?"

"모르겠습니다."

대사가 말하였다.

"체득함을 얻지 못했다고 이르지 마라. 설사 체득했다 하여도 그저 갈팡질팡하는 것일 뿐이다."

대사가 어떤 승려에게 물었다.

"그대가 점을 칠 줄 안다니 사실인가?"

"그렇습니다."

"내 점을 좀 쳐 봐라."

승려가 대답이 없었다.[44]

僧問。一念瞥起便落魔界時如何。師曰。汝因什麽從佛界而來。僧無對。師曰。會麽。曰不會。師曰。莫道體不得。設使體得也只是左之右之。師問僧。聞汝解卜是否。曰是。師曰。試卜老僧看。僧無對(洞山代云。請和尚生月)。

---

44) 동산(洞山)이 대신 말하기를 "화상의 생일을 말씀해 주십시오." 하였다. (원주)

대사는 당의 회창(會昌) 원년 신유(辛酉) 10월에 병이 나니, 26일에 목욕을 마치고는 일 보는 승려에게 "내일 어떤 상좌가 떠나니 재를 준비해라."고 하였다. 27일에 아무도 떠나는 이가 없었는데, 그날 밤에 대사가 입적하니, 수명은 60세였다.

다비를 한 뒤에 사리 일천 개를 얻어 돌무덤 속에 안치하였다. 시호는 무주 대사(無住大師)이고, 탑호는 정승(淨勝)이라 하였다.

師唐會昌元年辛酉十月示疾。二十六日沐身竟。喚主事僧令備齋。來日有上座發去。至二十七日並無人去。及夜師歸寂。壽六十。茶毘得舍利一千餘粒。瘞於石墳。勅諡無住大師。塔曰淨勝。

 토끼뿔

∽ "돌이 고개를 끄덕이던가?" 했을 때

대원은 "그런 이름자도 없는 얘기였소이다." 하리라.

∽ "그대는 무엇을 인해서 부처의 세계로부터 왔는가?" 했을 때

대원은 "선사께 그런 것이 있었습니까?" 하리라.

화정(華亭) 선자(船子) 화상

선자 화상은 이름은 덕성(德誠)이며 약산의 법을 이어받았다. 일찍이 화정(華亭)의 오강(吳江)에 조그마한 배 하나를 띄워 놓고 지내니, 사람들이 선자(船子) 화상이라 하였다.
대사가 일찍이 동학(同學)인 도오에게 말하였다.
"이후에 영리한 좌주가 하나 오거든 내게로 보내 주오."
나중에 도오가 경구(京口) 선회(善會) 화상에게 권고하여 대사를 뵙게 하였다.
선회 화상이 오니, 대사가 물었다.
"좌주는 어느 절에 있었는가?"
선회가 말하였다.
"절이란 머무는 곳이 아니요, 머문다면 같지 않습니다."
"같고, 같지 않다는 것이 무엇이냐?"

華亭船子和尚。名德誠。嗣樂山。嘗於華亭吳江汎一小舟。時謂之船子和尚。師嘗謂同參道吾曰。他後有靈利座主指一箇來。道吾後激勉京口和尚善會參禮師。師問曰。座主住甚寺。會曰。寺即不住。住即不似。師曰。不似似箇什麼。

선회가 말하였다.

"눈앞에 같다는 상(相)이랄 것도 없습니다."

"어디서 배워 얻었느냐?"

"귀와 눈으로 이르를〔到〕 바가 아닙니다."

대사가 웃으면서 말하였다.

"일구(一句)에 합당한 말이라 하겠으나, 만 겁의 당나귀 매달아 놓은 말뚝이다. 천 자 되는 실을 드리우는 것은 깊은 못 속에 뜻이 있는데, 혀의 갈구리를 떠난 경지를 빨리 이르고, 빨리 일러라."

선회가 입을 열려고 하는데, 대사가 삿대로 밀어서 물속에다 빠뜨리니, 이에 크게 깨달았다.

대사는 당장에 배를 버리고 떠나 어디론가 사라졌는데 그 종적을 알 수가 없었다.

會曰。目前無相似。師曰。何處學得來。曰非耳目之所到。師笑曰。一句合頭語萬劫繫驢橛。垂絲千尺意在深潭。離鉤三寸速道速道。會擬開口。師便以篙撞在水中。因而大悟。師當下棄舟而逝。莫知其終。

 토끼뿔

"일구(一句)에 합당한 말이라 하겠으나, 만 겁의 당나귀 매달아 놓은 말뚝이다. 천 자 되는 실을 드리우는 것은 깊은 못 속에 뜻이 있는데, 혀의 갈구리를 떠난 경지를 빨리 이르고, 빨리 일러라." 했을 때

대원이었다면 귀를 씻고 소매를 떨치고 떠났을 것이다.

선주(宣州) 비수(椑樹) 혜성(慧省) 선사

동산(洞山)이 대사에게 와서 뵈니, 대사가 물었다.
"무엇 하러 왔는가?"
동산이 말하였다.
"화상을 친견하러 왔습니다."
"친견하러 왔다면서 왜 입을 놀리는가?"
동산이 대답이 없었다.[45]

어떤 승려가 물었다.
"어떤 것이 부처입니까?"
대사가 말하였다.
"고양이가 기둥 위에 올랐다."
"학인은 잘 모르겠습니다."
"기둥에게 물어 봐라."

宣州椑樹慧省禪師。洞山參師。師問曰。來作什麼。洞山曰。來親近和尚。師曰。若是親近用動兩片皮作麼。洞山無對(曹山後聞乃云。一子親得)。僧問。如何是佛。師曰。猫兒上露柱。曰學人不會。師曰。問取露柱去。

---

45) 조산(曹山)이 뒤에 듣고 말하기를 "친히 얻은 외아들이군." 하였다. (원주)

 토끼뿔

"친견하러 왔다면서 왜 입을 놀리는가?" 했을 때

대원은 "제불의 낙을 선사와 같이 하고 있을 뿐입니다." 하리라.

고(高) 사미

고 사미[46]가 처음에 약산(藥山)을 찾아가 뵈니, 약산이 대사에게 물었다.
"어디서 오는가?"
대사가 말하였다.
"남악(南嶽)에서 옵니다."
"어디로 가겠는가?"
"강릉으로 계를 받으러 가겠습니다."
"계는 받아서 무엇 하려는가?"
"생사를 면하려 합니다."
"어떤 사람은 계를 받지 않고도 생사를 면하는데 그대는 알겠는가?"
"그렇다면 부처님의 계율은 무엇에 쓰겠습니까?"
약산이 말하였다.

高沙彌(藥山住庵)。初參藥山。藥山問師。什麼處來。師曰。南嶽來。山云。何處去。師曰。江陵受戒去。山云。受戒圖什麼。師曰。圖免生死。山云。有一人不受戒亦免生死。汝還知否。師曰。恁麼即佛戒何用。山云。

---

46) 약산 암자에 살았다. (원주)

"아직도 입술에 걸렸구나."

그리고는 유나를 불러 말하였다.

"저 절름발이 사미에게 승려의 소임을 주지 말고, 뒤에 있는 암자에나 있게 하라."

그리고는 다시 운암(雲巖)과 도오에게 말하였다.

"아까 온 사미가 뜻밖에 총명하더라."

도오가 말하였다.

"완전히 믿을 수 없으니 다시 점검해 보아야 압니다."

이에 약산이 다시 대사를 불러서 물었다.

"듣건대 장안(長安)은 더 시끄럽다는데 사실인가?"

대사가 대답하였다.

"저의 나라는 조용합니다."[47]

약산이 다시 물었다.

"그대는 경을 보다가 얻었는가, 법문을 청해서 얻었는가?"

"경을 보다가 얻은 것도 아니요, 법문을 청해서 얻은 것도 아닙니다."

猶掛脣齒在。便召維那云。這跛脚沙彌不任僧務。安排向後庵著。藥山又謂雲巖道吾曰。適來一箇沙彌却有來由。道吾云。未可全信更勘始得。藥乃再問師曰。見說長安甚鬧。師曰。我國晏然(法眼別云。見誰說)。山云。汝從看經得請益得。師曰。不從看經得。亦不從請益得。

---

47) 법안(法眼)이 따로 말하기를 "누가 말하는 것을 보셨습니까?" 하였다. (원주)

약산이 말하였다.

"많은 사람들도 경도 보지 않고 법문도 청하지 않는데, 어째서 얻지 못하는고?"

대사가 말하였다.

"그들이 얻은 것이 없다고 할 것이 아니요, 다만 그들이 진실을 그대로 긍정하지 못했을 뿐입니다."

대사가 곧 약산을 하직하고 암자에 사는데, 약산이 말하였다.

"생사의 일이 큰데 어째서 계를 받지 않는가?"

"이 일인 줄 아는데 무엇을 계라 하십니까?"

약산이 꾸짖고 말하였다.

"이 사미가 말이 많구나. 들어와서 가까운 암자에 살다가 다시 만나자."

대사가 암자에 살다가 비 오는 날 뵈러 가니, 약산이 말하였다.

"그대가 왔구나."

"그렇습니다."

山云。大有人不看經不請益。為什麼不得。師曰。不道他無只是他不肯承當。師乃辭藥山住庵。山云。生死事大何不受戒去。師曰。知是這般事喚什麼作戒。藥咄這沙彌饒舌。入來近處住庵時復要相見。師住庵後雨裏來相看。山云。你來也。師曰。是。

약산이 말하였다.

"몹시 젖었구나."

대사가 말하였다.

"이번에는 북 치고 피리 불지 마십시오."

운암이 말하였다.

"가죽도 없는데 무슨 북을 치리오."

도오가 말하였다.

"북도 없는데 무슨 가죽을 치리오."

약산이 말하였다.

"오늘의 곡조가 퍽 좋구나."

어떤 승려가 물었다.

"일구(一句)로도 이르지 못할 경지가 있습니까?"

대사가 말하였다.

"세상에 순응한다고도 말라."

山云。可殺濕。師曰。不打這箇鼓笛。雲巖云。皮也無打什麼鼓。道吾云。鼓也無打什麼皮。山云。今日大好曲調。僧問。一句子還有該不到處否。師云。不順世。

약산이 공양 때가 되자 약산이 손수 북을 쳤다. 고 사미는 발우를 들고 춤을 추면서 방으로 들어가니, 약산이 북채를 던지면서 말하였다.

"이것은 몇째의 화답인가?"

"둘째 화답입니다."

"그러면 어떤 것이 첫째 화답인가?"

대사가 통에 가서 밥을 한 주걱 퍼 가지고 나가 버렸다.

藥山齋時自打鼓。高沙彌捧鉢作舞入堂。藥山便擲下鼓槌云。是第幾和。高曰。第二和。曰如何是第一和。高就桶內舀一杓飯便出去。

 토끼뿔

"일구(一句)로도 이르지 못할 경지가 있습니까?" 했을 때

대원은 "답하고, 묻는 이도 있구나." 하리라.

악주(鄂州) 백안(百顏) 명철(明哲) 선사

동산(洞山)이 밀(密) 사형과 함께 와서 뵈니, 대사가 물었다.
"그대들, 요새 어디서 떠났는가?"
동산이 말하였다.
"호남(湖南)에서 왔습니다."
대사가 말하였다.
"관찰사(觀察使)의 성명이 무엇인가?"
"성이 없습니다."
"이름은 무엇인가?"
"이름도 없습니다."
"다스리는 일은 있는가, 없는가?"
"스스로 주인 진영(陣營)에 있을 뿐입니다."
대사가 말하였다.
"그것인들 어찌 나고 듦이 아니겠느냐?"
동산이 소매를 떨치면서 나가 버렸다.

鄂州百顏明哲禪師。洞山與密師伯到參。師問曰。闍梨近離什麽處。洞山曰。近離湖南。師曰。觀察使姓什麽。曰不得姓。師曰。名什麽。曰不得名。師曰。還治事也無。曰自有郎幕在。師曰。豈不出入。洞山便拂袖去。

이튿날 대사가 승당에 들어가서 물었다.

"어제 두 스님을 만났는데 한마디도 제대로 못했다. 이제 두 스님에게 청하니 말해 봐라. 만일 바로 말하면 내가 죽과 밥을 나눠 먹으면서 여름을 같이 지내리라. 빨리 이르고, 빨리 일러라."

동산이 말하였다.

"대단히 존귀하시군요."

대사가 죽을 나눠 먹으면서 한여름을 같이 지냈다.

師明日入僧堂曰。昨日對二闍梨一轉語不稳。今請二闍梨道。若道得老僧便開粥飯相伴過夏。速道速道。洞山曰。太尊貴生。師乃開粥共過一夏。

 토끼뿔

"관찰사의 성명이 무엇인가?" 했을 때

대원은 "구름은 백학으로 나는데, 오월의 녹음은 춤입니다." 하리라.

담주(潭州) 장자(長髭) 광(曠) 선사의 법손

담주(潭州) 석실(石室) 선도(善道) 화상

선도 화상은 유현(攸縣)의 장자(長髭) 광(曠) 선사의 법을 이어받았는데, 사미였을 때에 장자가 계를 받으러 보내면서 말하였다.

"그대가 돌아오거든 반드시 석두께 가서 참례하라."

대사가 계를 받은 뒤에 돌아와서 석두를 뵈었다. 어느 날 석두를 따라 산을 도는데, 석두가 말하였다.

"그대는 내 앞을 가로막는 나무를 베라."

潭州長髭曠禪師法嗣。潭州石室善道和尚。嗣攸縣長髭曠禪師。作沙彌時長髭遣令受戒。謂之曰。汝迴日須到石頭禮拜。師受戒後迴參石頭。一日隨石頭遊山次。石頭曰。汝與我斫却面前頭樹子礙我。

대사가 대답하였다.

"도끼를 가지고 오지 않았습니다."

석두가 칼을 뽑아 대사에게 거꾸로 주니, 대사가 말하였다.

"그것에 지나지 않습니다."

"그대는 그것을 무엇에 쓰려는가?"

대사가 이 말에 크게 깨닫고 곧 돌아오니, 장자가 물었다.

"그대는 석두에게 갔었는가?"

"가기는 갔으나 성명을 통하지 않았습니다."

"계는 누구에게 받았는가?"

"다른 사람을 의지하지 않았습니다."

"거기서는 그랬다 하고, 내게 와서는 어찌할 것인가?"

"어긴 적이 없습니다."

"아주 도도하게 구는구나."

"혀끝을 날름거린 적이 없습니다."

장자가 꾸짖으면서 말하였다.

"사미야, 나가라."

師曰。不將刀來。石頭乃抽刀倒與師。師云。不過那頭來。石頭曰。你用那頭作什麼。師即大悟便歸。長髭問。汝到石頭否。師曰。到即到不通號。長髭曰。從誰受戒。師曰。不依他。長髭曰。在彼即恁麼來。我這裏作麼生。師曰。不違背。長髭曰。太忉忉生。師曰。舌頭未曾點著在。長髭咄曰。沙彌出去。

대사가 나와 버리니, 장자가 말하였다.
"어찌 저 사람을 만나지 않았다 하랴."

대사는 이어 사태(沙汰)를 만나서 행자의 행색으로 석실(石室)에 살았는데, 번번이 승려를 보면 지팡이를 세우고 말하였다.
"삼세의 모든 부처님들이 모두가 이에 의하여 나왔다."
그러나 상대하는 이들 가운데 계합하는 이가 적었다. 장사(長沙)가 이 말을 듣고 말하였다.
"만일 내가 보았더라면 지팡이를 놓아 버리게 하고 따로 소식을 통하게 했을 것이다."
삼성(三聖)이 이 말을 가지고 석실로 와서 대꾸를 하려다가 대사에게 그것이 장사의 말임을 들켰다. 행산(杏山)은 삼성이 기회를 놓쳤다는 말을 듣고 몸소 석실로 오니, 대사는 행산의 대중이 따라 온 것을 보고 잠잠히 방앗간으로 가서 방아를 찧었다.
행산이 말하였다.

師便出。長髭曰。爭得不遇於人。師尋值沙汰。乃作行者居於石室。每見僧便竪起杖子云。三世諸佛盡由這箇。對者少得冥契。長沙聞之乃云。我若見即令放下杖子別通箇消息。三聖將此語到石室祇對。被師認破是長沙語。杏山聞三聖失機。又親到石室。師見杏山僧眾相隨。潛往碓米。杏山曰。

"행자가 쉽지 않아, 나도 몰래 하기 어렵구나."

대사가 말하였다.

"무심(無心)한 발우에 풍성하게 가져와서 꿰매지 않은 소반에 알맞게 취해 가는 것을 무엇이 몰래 하기 어렵다 하리오?"

행산이 그만두었다.

앙산(仰山)이 물었다.

"부처와 도의 거리가 얼마입니까?"

대사가 말하였다.

"도는 손을 편 것과 같고, 부처는 주먹을 쥔 것과 같다."

"마침내 어떻게 해야 확실히 믿을 수 있고 의지할 수 있습니까?"

대사가 손으로 허공을 두세 번 튕기면서 말하였다.

"이렇게 일이 없고, 이렇게 일이 없다."

"그렇다면 경전을 볼 필요가 있겠습니까?"

대사가 말하였다.

行者不易貧道難消。師曰。無心椀子盛將來。無縫合盤合取去。說什麼難消。杏山便休。仰山問。佛之與道相去幾何。師曰。道如展手佛似握拳。曰畢竟如何的當可信可依。師以手撥空三兩下曰。無恁麼事無恁麼事。曰還假看教否。師曰。

"삼승십이분교는 분수 밖의 일이니, 만일 그것과 상대를 이룬다면 마음과 경계의 두 법으로 능(能)과 소(所)를 쌍으로 행하는 것이어서 갖가지 견해가 생기게 되리니, 이것은 미친 지혜이므로 도라고 여기지 못한다.

만일 그것과 상대를 이루지 않는다면 하나도 일이 없다. 그러므로 조사께서 말씀하시기를 '본래 한 물건도 없다.'라고 하셨다.

그대는 어린 아기가 뱃속에서 갓 나온 것을 보지 않았는가? 경을 본다고 하던가, 경을 보지 않는다고 하던가? 어린 아기 때에는 불성이 있다는 이치도 모르고 불성이 없다는 이치도 모르다가, 차츰 자라서는 갖가지 지식을 배워서 내가 유능하고 내가 안다고 나서지만, 그것이 객진(客塵) 번뇌임을 알지 못한다.

16행(行) 가운데서 영아(嬰兒)행이 으뜸이니, 치치와와[48]할 때를 도를 배우는 사람이 분별과 취하고 버리는 마음을 여읜 것에 비유한다.

三乘十二分教是分外之事。若與他作對。卽是心境兩法能所雙行。便有種種見解。亦是狂慧未足為道。若不與他作對一事也無。所以祖師云。本來無一物。汝不見小兒出胎時。可道我解看教不解看教。當恁麼時亦不知有佛性義無佛性義。及至長大便學種種知解。出來便道我能我解。不知是客塵煩惱。十六行中嬰兒行為最。哆哆和和時喻學道之人離分別取捨心。

---

48) 치치와와 : 어린 아기의 발음.

그래서 어린아이를 찬탄하기도 하지만 비유일 뿐이거늘 어찌 그것을 취하랴. 만일 어린아이가 도(道)라고 하면 잘못 안 것이다."

대사가 어느 날 저녁에 앙산과 함께 달구경을 하는데, 앙산이 물었다.

"저 달이 둥글 때에는 뾰쪽한 모습이 어디로 갔으며, 뾰쪽할 때에는 둥근 모습이 어디로 갔습니까?"

대사가 말하였다.

"뾰쪽할 때에도 둥근 모습이 있고, 둥글 때에도 뾰쪽한 모습이 있다."49)

앙산이 하직하니, 대사가 문 밖까지 전송을 나왔다가 "사리여." 하고 불렀다. 앙산이 "네."하고 대답하자, 대사가 말하였다.

"무작정 가기만 하지 말고, 이쪽으로도 돌아오라."

故讚歎嬰兒。何況喻取之。若謂嬰兒是道。今時錯會。師一夕與仰山翫月。仰山問曰。這箇月尖時圓相什麼處去。圓時尖相又什麼處去。師曰。尖時圓相隱。圓時尖相在(雲巖云。尖時圓相在。圓時無尖相。道吾云。尖時亦不尖。圓時亦不圓)。仰山辭師送出門。乃召曰。闍梨。仰山應諾。師曰。莫一向去却迴這邊來。

---

49) 운암(雲巖)이 말하기를 "뾰쪽할 때에는 둥근 모습이 있지만, 둥글 때에는 뾰쪽한 모습이 없다." 하였다. 도오(道吾)가 말하기를 "뾰쪽하다 할 때에도 뾰쪽하지 않고, 둥글다 할 때에도 둥글지 않다." 하였다. (원주)

어떤 승려가 물었다.

"스님께서는 오대산(五臺山)에 가보셨습니까?"

대사가 말하였다.

"갔었다."

"문수를 보셨습니까?"

"보았다."

"문수가 행자께 무어라 하셨습니까?"

대사가 말하였다.

"문수가 말하기를 그대의 부모가 시골 풀 속에 살고 있다고 하더라."

僧問。師曾到五臺山否。師曰。曾到。僧曰。還見文殊麼。師曰。見。僧曰。文殊向行者道什麼。師曰。文殊道闍梨父母生在村草裏。

 토끼뿔

"문수를 보셨습니까?" 했을 때

대원은 "동행했었느니라." 하리라.

조주(潮州) 대전(大顚) 화상의 법손

장주(漳州) 삼평산(三平山) 의충(義忠) 선사

의충 선사는 복주(福州) 사람으로 성은 양(楊)씨이다. 처음에 석공(石鞏)을 뵙고 배웠는데, 석공은 항상 활에다 화살을 메우고 학인을 기다렸다. 대사가 법석에 이르니, 석공이 말하였다.
"화살을 보라."
대사가 가슴팍을 벌렸다. 이에 석공이 말하였다.
"30년 동안 활 하나에다 화살 하나를 메우고 있었지만 겨우 반 개를 얻었구나."
대사는 그 후에 대전을 뵙고 장주에 가서 삼평산에 살았다.

潮州大顚和尚法嗣。漳州三平義忠禪師。福州人也。姓楊氏。初參石鞏。石鞏常張弓架箭以待學徒。師詣法席次。石鞏曰。看箭。師乃披襟當之。石鞏曰。三十年張弓架箭。只謝得半箇漢。師後參大顚。往漳州住三平山。

어느 날 대중에게 보이고 말하였다.

"요새 사람들은 모두가 배움에 있어서 조급히 구하기만 하여 자기의 안목이라 여기지만 어찌 그것이 합당하겠는가? 그대들은 배우려 하는가? 딴 것은 전혀 필요치 않다. 그대들이 제각기 본분의 일이 있거늘 어째서 체득하지 못하는가? 이렇게 마음으로 분분하고, 입으로는 우물우물하니 무슨 이익이 있으랴.

분명히 말하니 만일 수행하는 길이나 여러 성인들이 건립한 교화의 문을 요구한다면 그것은 자연히 대장경의 경문에 있다. 만일 종문(宗門)의 일이라면 그대들은 절대로 마음을 잘못 쓰지 말라."

이때에 어떤 승려가 나서서 물었다.

"배워야 할 길이 있습니까?"

대사가 말하였다.

"외길이 있는데 미끄럽기가 이끼와 같으니라."

"학인이 밟을 수 있겠습니까?"

"망설이지 말고 네 스스로를 보아라."

示眾曰。今時出來盡學馳求走作。將當自己眼目有什麼相當。阿你欲學麼。不要諸餘。汝等各有本分事何不體取。作麼心憒憒口俳俳有什麼利益。分明說。若要修行路及諸聖建立化門。自有大藏教文在。若是宗門中事。汝切不得錯用心。時有僧出問。還有學路也無。師曰。有一路滑如苔。僧曰。學人躡得否。師曰。不擬心汝自看。

어떤 사람이 물었다.

"검은콩이 싹이 트지 않았을 때는 어떠합니까?"

대사가 말하였다.

"부처도 모른다."

어떤 강하는 승려가 와서 물었다.

"삼승십이분교는 제가 의심이 없는데, 어떤 것이 조사가 서쪽에서 오신 뜻입니까?"

대사가 말하였다.

"거북이 털로 만든 불자(拂子)요, 토끼 뿔로 된 지팡이이다. 대덕은 어디에다 간수 하겠는가?"

"거북이 털과 토끼의 뿔이 어찌 있는 것이겠습니까?"

"살은 천근이나 되는데, 지혜는 한 푼도 없구나."

대사가 또 대중에게 보이고 말하였다.

有人問黑豆未生芽時如何。師曰。佛亦不知。講僧問。三乘十二分教某甲不疑。如何是祖師西來意。師曰。龜毛拂子兔角拄杖。大德藏向什麼處。僧曰。龜毛兔角豈是有耶。師曰。肉重千斤智無銖兩。師又示眾曰。

"여러분이 아직도 선지식을 보지 못했다면 옳지 않다. 만일 일찍이 작자(作者)를 보았다면, 곧 바탕에 합하고 의도를 취하여 바위 틈에 들어가서 나무껍질을 먹고 풀잎옷을 입어야 한다.

그렇게 하여야 비로소 조금은 상응(相應)하겠지만, 만일 지식과 구절만을 좇으면 만 리 밖에서 고향을 바라보는 것이라네. 안녕."

諸人若未曾見知識即不可。若曾見作者來。便合體取些子意度。向巖谷間木食草衣。恁麼去方有少分相應。若馳求知解義句。即萬里望鄉關去也。珍重。

토끼뿔

"거북이 털로 만든 불자(拂子)요, 토끼 뿔로 된 지팡이이다. 대덕은 어디에다 간수 하겠는가?" 했을 때

대원은 "고양이는 땅 위에서 노려본데, 나무 위 청솔모는 조롱한다." 하리라.

담주(潭州) 대천(大川) 화상의 법손

선천(僊天) 화상

신라(新羅)의 승려가 뵈러 와서 방석을 펴고 절을 하려는데, 대사가 꼭 붙들고 말하였다.
"본국을 떠나기 전의 일구(一句)를 일러라."
그 승려가 말이 없으니, 대사가 갑자기 밀어내면서 말하였다.
"그대에게 일구(一句)를 물었더니, 양구(兩句)를 이르는구나."

또 어떤 승려가 와서 절을 하려 하니, 대사가 말하였다.
"이 들여우 혼신아, 무엇을 보았기에 절을 하려 하느냐?"

潭州大川和尙法嗣。僊天和尙。新羅僧到參。方展坐具擬禮拜。師捉住云。未發本國時道取一句。其僧無語。師便推出云。問伊一句便道兩句。又有一僧至擬禮拜。師云。野狐鬼。見什麼了便禮拜。

승려가 말하였다.

"늙은 때때머리여, 무엇을 보았기에 그렇게 묻습니까?"

대사가 말하였다.

"애달프고, 애달프다. 선천이 오늘 앞을 잃고, 뒤도 잃었다."

"얻었다고 여길 때에는 끝내 잃은 것을 보충하지 못합니다."

"어째서 이와 같다고는 않는가?"

"수"

"하하. 심오하다, 심오해."

僧云。老禿奴。見什麼了便恁問。師云。苦哉苦哉。儜天今日忘前失後。僧云。要且得時終不補失。師云。爭不如此。僧云。誰。師云。呵呵遠即遠矣。

 토끼뿔

ᘒ "본국을 떠나기 전의 일구(一句)를 일러라." 했을 때

대원은 "소림사는 서쪽이요, 유점사는 동쪽입니다." 하리라.

ᘒ "하하. 심오하다, 심오해." 했을 때

대원은 "옳기는 옳으나…. 아차차." 하며 소매를 떨치고 나왔을 것이다.

복주(福州) 보광(普光) 화상

어떤 승려가 서 있자 대사가 손으로 가슴을 풀어헤치면서 말하였다.
"노승(老僧)의 일을 맡아 주겠는가?"
승려가 대답하였다.
"아직도 그런 것이 있습니까?"
대사가 다시 가슴을 가리면서 말하였다.
"활짝 드러내는 것도 무방하지."
"숨을 곳이 어디에 있습니까?"
"확실히 숨을 곳이란 없다."
승려가 말하였다.
"지금은 어떠하십니까?"
대사가 때렸다.

福州普光和尚。有僧立次。師以手開胸云。還委老僧事麼。僧云。猶有這箇在。師却掩胸云。不妨太顯。僧云。有什麼避處。師云。的是無避處。僧云。即今作麼生。師便打。

토끼뿔

"숨을 곳이 어디에 있습니까?" 했을 때

대원이었다면 이때 때렸을 것이다. 알겠는가?

색 인 표

ㄱ

가경(제9세)(24권)
가관 선사(19권)
가나제바(2권)
가문 선사(16권)
가비마라(1권)
가선 선사(26권)
가섭불(1권)
가야사다(2권)
가지 선사(10권)
가흥 선사(26권)
가훈 선사(26권)
가휴 선사(19권)
가휴(제2세)(24권)
간 선사(22권)
감지 행자(10권)
감홍 선사(15권)
강 선사(21권)
거방 선사(4권)
거회 선사(16권)
건봉 화상(17권)
계학산 화상(19권)
견숙 선사(8권)
겸 선사(20권)
경 선사(23권)
경산 감종(10권)
경산 홍인(11권)
경상(관음원)(26권)
경상(숭복원)(26권)
경소 선사(26권)
경여(제2세)(24권)
경잠 초현(10권)
경조 현자(17권)
경조미 화상(11권)
경준 선사(25권)
경진 선사(26권)
경탈 화상(22권)
경탈 화상(29권)

경통 선사(12권)
경현 선사(26권)
경혜 선사(15권)
경혼 선사(16권)
계눌 선사(21권)
계달 선사(24권)
계번 선사(19권)
계여 암주(21권)
계유 선사(23권)
계조 선사(25권)
계종 선사(24권)
계침 선사(21권)
계허 선사(10권)
고 선사(12권)
고사 화상(8권)
고정 화상(10권)
고정간선사(16권)
고제 화상(9권)
곡산 화상(23권)
곡산장 선사(16권)
곡은 화상(15권)
공기 화상(9권)
곽산 화상(11권)
관계 지한 선사(12권)
관남 장로(30권)
관음 화상(22권)
관주 나한(24권)
광 선사(14권)
광과 선사(23권)
광달 선사(25권)
광덕(제1세)(20권)
광목 선사(12권)
광법 행흠(24권)
광보 선사(13권)
광산 화상(23권)
광오 선사(22권)
광오(제4세)(17권)
광용 선사(12권)

광우 선사(24권)
광원 화상(26권)
광인 선사(15권)
광인 선사(17권)
광일 선사(20권)
광일 선사(25권)
광제 화상(20권)
광징 선사(8권)
광혜진 선사(13권)
광화 선사(20권)
괴성 선사(26권)
교 화상(12권)
교연 선사(18권)
구 화상(24권)
구나함모니불(1권)
구류손불(1권)
구마라다(2권)
구봉 도건(16권)
구봉 자혜(11권)
구산 정원(10권)
구산 화상(21권)
구종산 화상(15권)
구지 화상(11권)
굴다삼장(5권)
귀 선사(22권)
귀본 선사(19권)
귀신 선사(23권)
귀인 선사(20권)
귀정 선사(13권)
귀종 지상(7권)
규봉 종밀(13권)
근 선사(26권)
금륜 화상(22권)
금우 화상(8권)
기림 화상(10권)

ㄴ

나찬 화상(30권)

나한 화상(11권)
나한 화상(24권)
낙보 화상(30권)
남대 성(21권)
남대 화상(20권)
남악 남대(20권)
남악 회양(5권)
남원 화상(12권)
남원 화상(19권)
남전 보원(8권)
낭 선사(23권)
내 선사(22권)
녹 화상(21권)
녹수 화상(11권)
녹원 화상(13권)
녹원휘 선사(16권)
녹청 화상(15권)

ㄷ

다복 화상(11권)
단기 선사(23권)
단하 천연(14권)
달 화상(24권)
담공 화상(12권)
담권(제2세)(20권)
담명 선사(23권)
담장 선사(8권)
담조 선사(10권)
담최 선사(4권)
대각 선사(12권)
대각 화상(12권)
대동 선사(15권)
대랑 화상(23권)
대력 화상(24권)
대령 화상(17권)
대모 화상(10권)
대범 화상(20권)
대비 화상(12권)

색 인 표

대승산 화상(23권)
대안 선사(9권)
대양 화상(8권)
대육 선사(7권)
대의 선사(7권)
대전 화상(14권)
대주 혜해(6권)
대천 화상(14권)
덕겸 선사(23권)
덕부 스님(29권)
덕산 선감(15권)
덕산(제7세)(20권)
덕소 국사(25권)
덕해 선사(22권)
도 선사(21권)
도간(제2세)(20권)
도건 선사(23권)
도견 선사(26권)
도겸 선사(23권)
도광 선사(21권)
도단 선사(26권)
도림 선사(4권)
도명 선사(4권)
도명 선사(6권)
도부 선사(18권)
도부 대사(19권)
도상 선사(10권)
도상 선사(25권)
도수 선사(4권)
도신 대사(3권)
도연 선사(20권)
도오(관남)(11권)
도오(천황)(14권)
도원 선사(26권)
도유 선사(17권)
도은 선사(21권)
도은 선사(23권)
도응 선사(17권)

도자 선사(26권)
도잠 선사(25권)
도전 선사(17권)
도전(제12세)(24권)
도제(제11세)(26권)
도통 선사(6권)
도한 선사(17권)
도한 선사(22권)
도행 선사(6권)
도헌 선사(12권)
도흠 선사(25권)
도흠 선사(4권)
도흠(제2세)(24권)
도희 선사(21권)
도희 선사(22권)
동계 화상(20권)
동봉 암주(12권)
동산 양개(15권)
동산혜 화상(9권)
동선 화상(19권)
동안 화상(8권)
동안 화상(16권)
동정 화상(23권)
동천산 화상(20권)
동탑 화상(12권)
둔유 선사(17권)
득일 선사(21권)
등등 화상(30권)

ㄹ

라후라다(2권)

ㅁ

마나라(2권)
마명 대사(1권)
마조 도일(6권)
마하가섭(1권)
만 선사(22권)

만세 화상(9권)
만세 화상(12권)
명 선사(17권)
명 선사(22권)
명 선사(23권)
명교 선사(22권)
명달소안(제4세)(26)권
명법 대사(21권)
명변 대사(22권)
명식 대사(22권)
명오 대사(22권)
명원 선사(21권)
명진 대사(19권)
명진 선사(21권)
명철 선사(7권)
명철 선사(14권)
명혜 대사(24권)
명혜 선사(22권)
모 화상(17권)
자사진조(12권)
몽계 화상(8권)
몽필 화상(19권)
묘공 대사(21권)
묘과 대사(21권)
무등 선사(7귀)
무료 선사(8권)
무업 선사(8권)
무염 대사(12권)
무원 화상(15권)
무은 선사(17권)
무일 선사(24권)
무주 선사(4권)
무휴 선사(20권)
문 화상(22권)
문수 선사(17권)
문수 선사(25권)
문수 화상(16권)
문수 화상(20권)

문습 선사(24권)
문언 선사(19권)
문의 선사(21권)
문익 선사(24권)
문흠 선사(22권)
문회 선사(12권)
미령 화상(12권)
미령 화상(8권)
미선사(제2세)(23권)
미차가(1권)
미창 화상(12권)
미창 화상(14권)
민덕 화상(12권)

ㅂ

바사사다(2권)
바수밀(1권)
바수반두(2권)
박암 화상(17권)
반산 화상(15권)
반야다라(2권)
방온 거사(8권)
배도 선사(30권)
배휴(12권)
백거이(10권)
백곡 화상(23권)
백령 화상(8권)
백수사화상(16권)
백운 화상(24권)
백운약 선사(15권)
범 선사(20권)
범 선사(23권)
법건 선사(26권)
법괴 선사(26권)
법단 대사(11권)
법달 선사(5권)
법등 태흠(30권)
법만 선사(13권)

색 인 표

법보 선사(22권)
법상 선사(7권)
법운 대사(22권)
법운공(27권)
법응 선사(4권)
법의 선사(20권)
법제 선사(23권)
법제(제2세)(26권)
법지 선사(4권)
법진 선사(11권)
법해 선사(5권)
법현 선사(24권)
법회 선사(6권)
변륭 선사(26권)
변실(제2세)(26권)
보 선사(22권)
보개산 화상(17권)
보개약 선사(16권)
보광 혜심(24권)
보광 화상(14권)
보리달마(3권)
보만 대사(17권)
보명 대사(19권)
보문 대사(19권)
보봉 신당(17권)
보봉 화상(15권)
보수 화상 (12권)
보수소 화상(12권)
보승 선사(24권)
보안 선사(9권)
보운 선사(7권)
보응 화상(12권)
보적 선사(7권)
보지 선사(27권)
보철 선사(7권)
보초 선사(24권)
보화 화상(10권)
보화 화상(24권)

복계 화상(8권)
복룡산(제1세)(17권)
복룡산(제2세)(17권)
복룡산(제3세)(17권)
복림 선사(13권)
복분 암주(12권)
복선 화상(26권)
복수 화상(13권)
복타밀다(1권)
본계 화상(8권)
본동 화상(14권)
본선 선사(26권)
본인 선사(17권)
본정 선사(5권)
봉 선사(11권)
봉 화상(23권)
봉린 선사(20권)
부강 화상(11권)
부나야사(1권)
부배 화상(8권)
부석 화상(11권)
불암휘 선사(12권)
불여밀다(2권)
불오 화상(8권)
불일 화상(20권)
불타 화상(14권)
불타난제(1권)
붕언 대사(26권)
비 선사(20권)
비구니 요연(11권)
비마암 화상(10권)
비바시불(1권)
비사부불(1권)
비수 화상(8권)
비전복 화상(16권)

ㅅ

사 선사(23권)

사건 선사(17권)
사구 선사(26권)
사귀 선사(22권)
사내 선사(19권)
사눌 선사(21권)
사명 선사(12권)
사명 화상((15권)
사밀 선사(23권)
사보 선사(23권)
사선 화상(16권)
사야다(2권)
사언 선사(17권)
사욱 선사(18권)
사위 선사(20권)
사자 존자(2권)
사정 상좌(21권)
사조 선사(10권)
사지 선사(26권)
사진 선사(22권)
사해 선사(11권)
사호 선사(26권)
삼상 화상(20권)
삼성 혜연(12권)
삼양 암주(12권)
상 선사(22권)
상 화상(22권)
상각 선사(24권)
상관 선사(9권)
상나화수(1권)
상전 화상(26권)
상진 선사(23권)
상찰 선사(17권)
상통 선사(11권)
상혜 선사(21권)
상홍 선사(7권)
서 선사(19권)
서류 선사(25권)
서목 화상(11권)

서선 화상(10권)
서선 화상(20권)
서암 화상(17권)
석가모니불(1권)
석경 화상(23권)
석구 화상(8권)
석두 희천(14권)
석루 화상(14권)
석림 화상(8권)
석상 경제(15권)
석상 대선 (8권)
석상 성공(9권)
석상휘 선사(16권)
석제 화상(11권)
석주 화상(16권)
선각 선사(8권)
선도 선사(20권)
선도 화상(14권)
선미(제3세)(26권)
선본 선사(17권)
선상 대사(22권)
선소 선사(13권)
선소 선사(24권)
선자 덕성(14권)
선장 선사(17권)
선정 선사(20권)
선천 화상(14권)
선최 선사 (12권)
선혜 대사(27권)
설봉 의존(16권)
성공 선사(14권)
성선사(제3세)(20권)
성수엄 선사(17권)
소 화상(22권)
소계 화상(30권)
소명 선사(26권)
소산 화상(30권)
소수 선사(24권)

색 인 표

소암 선사(25권)
소요 화상(8권)
소원(제4세)(24권)
소자 선사(23권)
소종 선사(12권)
소진 대사 (12권)
소현 선사(25권)
송산 화상(8권)
수 선사(24권)
수계 화상(8권)
수공 화상(14권)
수눌 선사(19권)
수눌 선사(26권)
수당 화상(8권)
수로 화상(8권)
수룡산 화상(21권)
수륙 화상(12권)
수빈 선사(21권)
수산 성념(13권)
수안 선사(24권)
수월 대사(21권)
수유산 화상(10권)
수인 선사(25권)
수진 선사(24권)
수청 선사(22권)
순지 대사(12권)
숭 선사(22권)
숭교 대사(23권)
숭산 화상(10권)
숭은 화상(16권)
숭진 화상(23권)
숭혜 선사(4권)
습득(27권)
승 화상(23권)
승가 화상(27권)
승가난제(2권)
승광 화상(11권)
승나 선사(3권)

승둔 선사(26권)
승밀 선사(15권)
승일 선사(16권)
승찬 대사(3권)
시기불(1권)
시리 선사(14권)
신건 선사(11권)
신당 선사(17권)
신라 청원(17권)
신록 선사(23권)
신수 선사(4권)
신안 국사(18권)
신장 선사(8권)
신찬 선사(9권)
실성 대사(22권)
심 선사(23권)
심철 선사(20권)
쌍계전도자(12권)

ㅇ

아난 존자(1권)
악록산 화상(22권)
안선사(제1세)(20권)
암 화상(20권)
암두 전활(16권)
암준 선사(15권)
앙산 혜적(11권)
애 선사(23권)
약산 유엄(14권)
약산(제7세)(23권)
약산고 사미(14권)
양 선사(6권)
양 좌주(8권)
양광 선사(25권)
양수 선사(9권)
언단 선사(22권)
언빈 선사(20권)
엄양 존자(11권)

여눌 선사(15권)
여만 선사(6권)
여민 선사(11권)
여보 선사(12권)
여신 선사(22권)
여체 선사(19권)
여회 선사(7권)
역촌 화상(12권)
연 선사(21권)
연관 선사(24권)
연교 대사(12권)
연규 선사(25권)
연덕 선사(26권)
연무 선사(17권)
연수 선사(26권)
연수 화상(23권)
연승 선사(26권)
연종 선사(19권)
연화(제2세)(23권)
연화상(제2세)(23권)
영 선사(19권)
영가 현각(5권)
영각 화상(20권)
영감 선사(26권)
영감 화상(23권)
영관사(12권)
영광 선사(24권)
영규 선사(15권)
영도 선사(5권)
영명 대사(18권)
영묵 선사(7권)
영서 화상(13권)
영숭(제1세)(23권)
영안(제5세)(26권)
영암 화상(23권)
영엄 선사(23권)
영운 지근(11권)
영준 선사(15권)

영초 선사(16권)
영태 화상(19권)
영평 선사(23권)
영함 선사(21권)
영훈 선사(10권)
오공 대사(23권)
오공 선사(24권)
오구 화상(8권)
오운 화상(30권)
오통 대사(23권)
온선사(제1세)(20권)
와관 화상(16권)
와룡 화상(17권)
와룡 화상(20권)
왕경초상시(11권)
요 화상(23권)
요각(제2세)(21권)
요공 대사(21권)
요산 화상(11권)
요종 대사(21권)
용 선사(20권)
용수 존자(1권)
용계 화상(20권)
용광 화상(20권)
용담 숭신(14권)
용산 화상(8권)
용아 거둔(17권)
용운대 선사(9권)
용준산 화상(17권)
용천 화상(23권)
용청 선사(26권)
용혈산 화상(23권)
용회 도심(30권)
용흥 화상(17권)
우녕 선사(26권)
우두미 선사(15권)
우바국다(1권)
우섬 선사(26권)

색 인 표

우안 선사(26권)
우연 선사(21권)
우연 선사(22권)
우진 선사(26권)
운개 지한(17권)
운개경 화상(17권)
운산 화상(12권)
운암 담성(14권)
운주 화상(20권)
운진 선사(23권)
원 선사(22권)
원 화상(23권)
원광 선사(23권)
원규 선사(4권)
원명 선사(11권)
원명(제3세)(23권)
원명(제9세)(22권)
원소 선사(26권)
원안 선사(16권)
원엄 선사(19권)
원제 선사(26권)
원조 대사(23권)
원지 선사(14권)
원지 선사(21권)
월륜 선사(16권)
월화 화상(24권)
위 선사(20권)
위국도 선사(9권)
위부 화엄(30권)
위산 영우(9권)
유 선사(24권)
유 화상(24권)
유건 선사(6권)
유경 선사(29권)
유계 화상(15권)
유관 선사(7권)
유연 선사(17권)
유원 화상(8권)

유장 선사(20권)
유정 선사(4권)
유정 선사(6권)
유정 선사(9권)
유칙 선사(4권)
육긍 대부(10권)
육통원소선사(17권)
윤 선사(22권)
윤 스님(29권)
은미 선사(23권)
은봉 선사(8권)
응천 화상(11권)
의능(제9세)(26권)
의륭 선사(26권)
의소 화상(23권)
의안 선사(14권)
의원 선사(26권)
의유(제13세)(26권)
의인 선사(23권)
의전 선사(26권)
의초 선사(12권)
의총 선사(22권)
의충 선사(14권)
이산 화상(8권)
이종 선사(10권)
인 선사(19권)
인 선사(22권)
인 화상(23권)
인검 선사(4권)
인종 화상(5권)
인혜 대사(18권)
일용 화상(11권)
일자 화상(10권)
임전 선사(19권)
임제 의현(12권)
임천 화상(22권)

ㅈ

자광 화상(23권)
자국 화상(16권)
자동 화상(11권)
자만 선사(6권)
자복 화상(22권)
자재 선사(7권)
자화 선사(22권)
장 선사(20권)
장 선사(23권)
장경 혜릉(18권)
장용 선사(22권)
장이 선사(10권)
장평산 화상(12권)
적조 선사(21권)
전긍 선사(26권)
전법 화상(23권)
전부 선사(12권)
전식 선사(4권)
전심 대사(21권)
전은 선사(24권)
전초 선사(20권)
정 선사(21권)
정과 선사(20권)
정수 대사(22권)
정수 선사(13권)
정오 대사(21권)
정오 선사(20권)
정원 화상(23권)
정조 혜동(26권)
정혜 선사(24권)
정혜 화상(21권)
제 선사(25권)
제다가(1권)
제봉 화상(8권)
제안 선사(7권)
제안 화상(10권)
조 선사(9권)
조 선사(22권)

조산 본적(17권)
조수(제2세)(24권)
조주 종심(10권)
존수 선사(16권)
종괴 선사(21권)
종귀 선사(22권)
종랑 선사(11권)
종범 선사(17권)
종선 선사(24권)
종성 선사(23권)
종습 선사(19권)
종실 선사(23권)
종의 선사(26권)
종일 선사(21권)
종일 선사(26권)
종전 선사(19권)
종정 선사(19권)
종지 선사(20권)
종철 선사(12권)
종현 선사(25권)
종혜 대사(23권)
종효 선사(21권)
종흔 선사(21권)
주 선사(24권)
주지 선사(21권)
준 선사(24권)
준고 선사(15권)
중도 화상(20권)
중만 선사(23권)
중운개 화상(16권)
중흥 선사(15권)
증각 선사(23권)
증선사(제2세)(20권)
지 선사(4권)
지견 선사(6권)
지관 화상(12권)
지구 선사(22권)
지균 선사(25권)

색인표

지근 선사(26권)
지단 선사(22권)
지덕 대사(21권)
지도 선사(5권)
지륜 선사(24권)
지묵(제2세)(22권)
지봉 대사(26권)
지봉 선사(4권)
지부 선사(18권)
지상 선사(5권)
지성 선사(5권)
지암 선사(4권)
지엄 선사(24권)
지옹(제3세)(24권)
지원 선사(16권)
지원 선사(17권)
지원 선사(21권)
지위 선사(4권)
지은 선사(24권)
지의 대사(25권)
지의 선사(27권)
지의 화상(12권)
지장 선사(7권)
지장 화상(24권)
지적 선사(22권)
지조(제3세)(23권)
지진 선사(9권)
지징 대사(26권)
지철 선사(5권)
지통 선사(10권)
지통 선사(5권)
지행(제2세)(23권)
지황 선사(5권)
지휘 선사(20권)
진 선사(20권)
진 선사(23권)
진 존숙(12권)
진각 대사(18권)

진각 대사(24권)
진감(제4세)(23권)
진랑 선사(14권)
진응 선사(13권)
진적 선사(21권)
진적 선사(23권)
진화상(제3세)(23권)
징 선사(22권)
징 화상(24권)
징개 선사(24권)
징원 선사(22권)
징정 선사(21권)
징조 대사(15권)

ㅊ

찰 선사(29권)
창선사(제3세)(20권)
책진 선사(25권)
처미 선사(9권)
처진 선사(20권)
천개유 선사(16권)
천룡 화상(10권)
천복 화상(15권)
천왕원 화상(20권)
천태 화상(17권)
청간 선사(12권)
청교 선사(23권)
청면(제2세)(23권)
청모 선사(24권)
청법 선사(21권)
청석 선사(25권)
청양 선사(13권)
청요 선사(23권)
청용 선사(25권)
청욱 선사(26권)
청원 화상(17권)
청원 행사(5권)

청좌산 화상(20권)
청진 선사(23권)
청품(제8세)(23권)
청해 선사(23권)
청해 선사(24권)
청호 선사(21권)
청환 선사(21권)
청활 선사(22권)
초 선사(20권)
초남 선사(12권)
초당 화상(8권)
초복 화상(15권)
초오 선사(19권)
초증 대사(18권)
초훈(제4세)(24권)
총인 선사(7권)
추산 화상(17권)
충언(제8세)(23권)
취미 무학(14권)
척천 화상(8권)
침 선사(22권)

ㅌ

타지 화상(8권)
태원부 상좌(19권)
태흠 선사(25권)
통 선사(17권)
통 선사(19권)
통법 도성(26권)
통변 도홍(26권)
통화상(제2세)(24권)
투자 감온(15권)

ㅍ

파조타 화상(4권)
파초 화상(16권)
파초 화상(20권)

포대 화상(27권)
풍 선사(23권)
풍간 선사(27권)
풍덕사 화상(12권)
풍혈 연소(13권)
풍화 화상(20권)

ㅎ

하택 신회(5권)
학륵나(2권)
학림 선사(4권)
한 선사(10권)
한산자(27권)
함계 선사(17권)
함광 선사(24권)
함택 선사(21권)
항마장 선사(4권)
해안 선사(16권)
해호 화상(16권)
행랑 선사(23권)
행명 대사(26권)
행수 선사(17권)
행숭 선사(22권)
행애 선사(23권)
행언 도사(25권)
행인 선사(23권)
행전 선사(20권)
행주 선사(19권)
행충(제1세)(23권)
향 거사(3권)
향성 화상(20권)
향엄 지한(11권)
향엄의단선사(10권)
헌 선사(20권)
현눌 선사(19권)
현량 선사(24권)
현밀 선사(23권)
현사 사비(18권)

색 인 표

현소 선사(4권)
현오 선사(20권)
현정 대사(4권)
현지 선사(24권)
현진 선사(10권)
현책 선사(5권)
현천언 선사(17권)
현천(제2세)(23권)
현칙 선사(25권)
현태 상좌(16권)
현통 선사(18권)
협 존자(1권)
협산 선회(15권)
혜 선사(20권)
혜 선사(22권)
혜 선사(23권)
혜가 대사(3권)
혜각 대사(21권)
혜각 선사(11권)
혜거 국사(25권)
혜거 선사(20권)
혜거 선사(26권)
혜공 선사(16권)
혜광 대사(23권)
혜능 대사(5권)
혜달 선사(26권)
혜랑 선사(14권)
혜랑 선사(21권)
혜랑 선사(26권)
혜렴 선사(22권)
혜류 대사(22권)
혜만 선사(3권)
혜명 선사(25권)
혜방 선사(4권)
혜사 선사(27권)
혜성 선사(14권)
혜성(제14세)(26권)
혜안 국사(4권)

혜오 선사(21권)
혜원 선사(25권)
혜월법단(제3세)(26권)
혜일 대사(11권)
혜장 선사(6권)
혜제 선사(25권)
혜종 선사(17권)
혜철(제2세)(23권)
혜청 선사(12권)
혜초 선사(9권)
혜충 국사(5권)
혜충 선사(4권)
혜충 선사(23권)
혜하 대사(20권)
혜해 선사(20권)
호감 대사(22권)
호계 암주(12권)
홍구 선사(12권)
홍나 화상(8권)
홍변 선사(9권)
홍엄 선사(21권)
홍은 선사(6권)
홍인 대사(3권)
홍인 선사(22권)
홍장(제4세)(23권)
홍제 선사(23권)
홍진 선사(24권)
홍천 선사(16권)
홍통 선사(20권)
화룡 화상(23권)
화림 화상(14권)
화산 화상(17권)
화엄 화상(20권)
환보 선사(16권)
환중 선사(9권)
황룡(제2세)(26권)
황벽 희운(9권)
회기 대사(23권)

회악 선사(18권)
회악(제4세)(20권)
회우 선사(16권)
회운 선사(7권)
회운 선사(20권)
회정 선사(9권)
회주 선사(23권)
회초(제2세)(23권)
회충 선사(16권)
회통 선사(4권)
회해 선사(6권)
횡룡 화상(23권)
효료 선사(5권)
효영(제5세)(26권)
효오 대사(21권)
후 화상(22권)
후동산 화상(20권)
후초경 화상(22권)
휴정 선사(17권)
흑간 화상(8권)
흑수 화상(24권)
흑안 화상(8권)
흥고 선사(23권)
흥법 대사(18권)
흥평 화상(8권)
흥화 존장(12권)
희변 선사(26권)
희봉 선사(25권)
희원 선사(26권)

부록은 농선 대원 선사님의 인가 내력과 법어 그리고 대원 선사님께서 직접 작사하신 노래 가사를 실었다. 특히 요즘 선지식 없이 공부하는 이들을 위하여 수행의 길로부터 불보살님의 누림까지 닦아 증득할 수 있도록 '부록4'에 '가슴으로 부르는 불심의 노래' 가사를 담았으니 끝까지 정독하여 수행의 요긴한 지침이 되기를 바란다.

부 록

부록1 농선 대원 선사님 인가 내력 219

부록2 농선 대원 선사님 법어 227

부록3 21세기에 인류가 해야 할 일 257

부록4 가슴으로 부르는 불심의 노래 261

농선 대원 선사님 인가 내력

제 1 오도송

이 몸을 끄는 놈 이 무슨 물건인가?
골똘히 생각한 지 서너 해 되던 때에
쉬이하고 불어온 솔바람 한 소리에
홀연히 대장부의 큰 일을 마치었네

무엇이 하늘이고 무엇이 땅이런가
이 몸이 청정하여 이러-히 가없어라
안팎 중간 없는 데서 이러-히 응하니
취하고 버림이란 애당초 없다네

하루 온종일 시간이 다하도록
헤아리고 분별한 그 모든 생각들이
옛 부처 나기 전의 오묘한 소식임을
듣고서 의심 않고 믿을 이 누구인가!

此身運轉是何物
疑端汩沒三夏來
松頭吹風其一聲
忽然大事一時了

何謂靑天何謂地
當體淸淨無邊外
無內外中應如是
小分取捨全然無

一日於十有二時
悉皆思量之分別
古佛未生前消息
聞者卽信不疑誰

대원 선사님의 스승이신 불조정맥 제77조 조계종(曹溪宗) 전강(田岡) 대선사님께서 1962년 대구 동화사의 조실로 계실 당시 대원 선사님께서도 동화사에 함께 머무르고 계셨다.
하루는 전강 대선사님께서 대원 선사님의 3연으로 되어 있는 제1오

도송을 들어 깨달은 바는 분명하나 대개 오도송은 짧게 짓는다고 말씀
하셨다. 이에 대원 선사님께서는 제1오도송을 읊은 뒤, 도솔암을 떠나
김제들을 지나다가 석양의 해와 달을 보고 문득 읊었던 제2오도송을
일러드렸다.

  제 2 오도송

 해는 서산 달은 동산 덩실하게 얹혀 있고
 김제의 평야에는 가을빛이 가득하네
 대천이란 이름자도 서지를 못하는데
 석양의 마을길엔 사람들 오고 가네

 日月兩嶺載同模
 金提平野滿秋色
 不立大千之名字
 夕陽道路人去來

제2오도송을 들으신 전강 대선사님께서는 이에 그치지 않고 그와 같
은 경지를 담은 게송을 이 자리에서 즉시 한 수 지어볼 수 있겠냐고 하
셨다. 대원 선사님께서는 곧바로 다음과 같이 읊으셨다.

 바위 위에는 솔바람이 있고
 산 아래에는 황조가 날도다

대천도 흔적조차 없는데
달밤에 원숭이가 어지러이 우는구나

岩上在松風
山下飛黃鳥
大千無痕迹
月夜亂猿啼

전강 대선사님께서는 위 송의 앞의 두 구를 들으실 때만 해도 지그시 눈을 감고 계시다가 뒤의 두 구를 마저 채우자 문득 눈을 뜨고 기뻐하는 빛이 역력하셨다.

그러나 전강 대선사님께서는 여기에서도 그치지 않고 다시 한 번 물으셨다.

"대중들이 자네를 산으로 불러내어 그 중에 법성(향곡 스님 법제자인 진제 스님. 동화사 선방에 있을 당시에 '법성'이라 불렸고, 나중에 '법원'으로 개명하였다.)이 달마불식(達磨不識) 도리를 일러보라 했을 때 '드러났다'라고 답했다는데, 만약에 자네가 당시의 양무제였다면 '모르오'라고 이르고 있는 달마 대사에게 어떻게 했겠는가?"

대원 선사님께서 답하셨다.

"제가 양무제였다면 '성인이라 함도 서지 못하나 이러-히 짐의 덕화와 함께 어우러짐이 더욱 좋지 않겠습니까?' 하며 달마 대사의 손을 잡아 일으켰을 것입니다."

전강 대선사님께서 탄복하며 말씀하셨다.

"어느새 그 경지에 이르렀는가?"

"이르렀다곤들 어찌하며, 갖추었다곤들 어찌하며, 본래라곤들 어찌하리까? 오직 이러-할 뿐인데 말입니다."

대원 선사님께서 연이어 말씀하시자 전강 대선사님께서 이에 환희하시니 두 분이 어우러진 자리가 백아가 종자기를 만난 듯, 고수명창 어울리듯 화기애애하셨다.

달마불식 공안에 대한 위의 문답은 내력이 있는 것이다. 전강 대선사님께서 대원선사님을 부르시기 며칠 전에, 저녁 입선 시간 중에 노장님 몇 분만이 자리에 앉아있을 뿐 자리가 텅텅 비어 있었다고 한다.

대원 선사님께서 이상히 여기고 있던 중, 밖에서 한 젊은 수좌가 대원선사님을 불렀다. 그 수좌의 말이 스님들이 모두 윗산에 모여 기다리고 있으니 가자고 하기에 무슨 일인가 하고 따라가셨다.

그러자 그 자리에 있던 법성 스님이 보자마자 달마불식 법문을 들고 이르라고 하기에 지체없이 답하셨다.

"드러났다."

곁에 계시던 송암 스님께서 또 안수정등 법문을 들고 물으셨다.

"여기서 어떻게 살아나겠소?"

대뜸 큰소리로 이르셨다.

"안·수·정·등."

이에 좌우에 모인 스님들이 함구무언(緘口無言)인지라 대원 선사님께서는 먼저 그 자리를 떠나 내려와 버리셨다.

그 다음날 입승인 명허 스님께서 아침 공양이 끝난 자리에서 지난 밤 입선시간 중에 무단으로 자리를 비운 까닭을 묻는 대중 공사를 붙여산 중에서 있었던 일들이 낱낱이 드러나고 말았다. 그리하여 입선시간 중에 자리를 비운 스님들은 가사 장삼을 수하고 조실인 전강 대선사님께 참회의 절을 했던 일이 있었다.

  전강 대선사님께서는 이때에 대원 선사님께서 달마불식 도리에 대해 일렀던 경지를 점검하셨던 것이다.

  이런 철저한 검증의 자리가 있었던 다음 날, 전강 대선사님께서 부르시기에 대원 선사님께서 가보니 모든 것이 약조된 데에서 주지인 월산(月山) 스님께서 입회해 계셨으며 전강 대선사님께서는 곧바로 다음과 같이 전법게(傳法偈)를 전해주셨다.

      전 법 게

부처와 조사도 일찍이 전한 것이 아니거늘
나 또한 어찌 받았다 하며 준다 할 것인가
이 법이 2천년대에 이르러서
널리 천하 사람을 제도하리라

佛祖未曾傳
我亦何受授
此法二千年
廣度天下人

덧붙여 이 일은 월산 스님이 증인이며 2000년까지 세 사람 모두 절대 다른 사람이 알게 하거나 눈에 띄게 하지 않아야 한다고 당부하셨다.

 만약 그러지 않을 시에는 대원 선사님께서 법을 펴 나가는데 장애가 있을 것이라고 예언하셨다. 또한 각별히 신변을 조심하라 하시고 월산 스님에게 명령해 대원선사님을 동화사의 포교당인 보현사에 내려가 교화에 힘쓰게 하셨다.

 대원 선사님께서 보현사로 떠나는 날, 전강 대선사님께서는 미리 적어두셨던 부송(付頌)을 주셨으니 다음과 같다.

부 송

어상을 내리지 않고 이러-히 대한다 함이여
뒷날 돌아이가 구멍 없는 피리를 불리니
이로부터 불법이 천하에 가득하리라

不下御床對如是
後日石兒吹無孔
自此佛法滿天下

 위의 게송에서 '어상을 내리지 않고 이러-히 대한다 함이여'라는 첫째 줄 역시 내력이 있는 구절이다.
 전에 대원 선사님께서 전강 대선사님을 군산 은적사에서 모시고 계실 당시 마당에서 홀연히 마주쳤을 때 다음과 같은 문답이 있었다.
 전강 대선사님께서 물으셨다.
 "공적(空寂)의 영지(靈知)를 이르게."

대원 선사님께서 대답하셨다.

"이러-히 스님과 대담(對談)합니다."

"영지의 공적을 이르게."

"스님과의 대담에 이러-합니다."

"어떤 것이 이러-히 대담하는 경지인가?"

"명왕(明王)은 어상(御床)을 내리지 않고 천하 일에 밝습니다."

위와 같은 문답 중에 대원 선사님께서 답하신 경지를 부송의 첫째 줄에 담으신 것이다.

전강 대선사님께서 대원선사님을 인가(印可)하신 과정을 볼 때 한 번, 두 번, 세 번을 확인하여 철저히 점검하신 명안종사의 안목에 탄복하지 않을 수 없으며 이에 끝까지 1초의 머뭇거림도 없이 명철하셨던 대원선사님께 찬탄하지 않을 수 없다.

그리하여 법열로 어우러진 두 분의 자리가 재현된 듯 함께 환희용약하지 않을 수 없다.

이제 전강 대선사님과 약속한 2천년대를 맞이하였으므로 여기에 전법게를 밝힌다.

이로써 경허, 만공, 전강 대선사님으로 내려온 근대 대선지식의 정법의 횃불이 이 시대에 이어져 전강 대선사님의 예언대로 불법이 천하에 가득할 것이다.

농선 대원 선사님 법어

  깨달음은 실증실수다. 그러나 지금의 불교가 잘못된 견해와 지식으로 불조의 가르침을 왜곡하고 견성성불 하고자 애쓰는 수행인들을 오히려 길을 잃고 헤매게 하고 있다.

  그래서 이 장에서는 대원 선사님의 혜안으로 제방에서 논의되는 불교의 핵심적인 대목을 밝혀, 불조의 근본 종지를 드러내고 불교가 나아가야 할 바를 보였다.

  깨달음의 정수를 담은 12게송은 실제 깨닫지 못하고 말로만 깨달음을 말하거나 혹은 깨달았다 해도 보림이 미진한 이들을 경계하게 하며 실증의 바탕에서 닦아 증득할 수 있도록 하였으니, 생사를 결단하고 본연한 참나를 회복하려는 이들에게 칠흑 같은 밤길에 등불과 같은 길잡이가 될 것이다.

화두실참

　제방의 선방 상황을 보면 목적지에 이르는 길을 몰라 노정길을 묻고 있는 격이다. 무자와 이뭐꼬 화두가 최고라 하면서도 실제 실참을 하지 못하고 있기 때문이다. '이 무엇인고?' 하면서 이 눈으로 보려 한다면 경계 위에서 찾는 것이어서 억만 겁을 두고 찾아도 찾을 수 없다. 그러므로 깨달아 일체종지를 이룬 스승의 분명한 안목의 지도가 없다면 화두를 들든, 관법을 행하든, 염불을 하든 깨달음을 기약한다는 것이 정말 어렵다 할 것이다.

오후보림

　설사 깨달음을 성취했다 해도 그것은 공부의 끝이 아니다. 오후보림을 통해 업을 다해야만 육신통을 자재할 수 있게 되는 것이다. 일상에 육신통을 자재하는 구경본분의 경지일 때 비로소 공부를 마쳤다 할 것이다.

개유불성

 부처님께서 분명히 준동함령 개유불성(蠢動含靈 皆有佛性)이라고 하셨다. 이것은 모든 만물이 다 부처가 될 성품을 갖고 있다는 뜻이다. 불성이 하나라고 주장하는 목소리가 불교계에 드높으나 이것은 개유불성 즉, 낱낱이 제 불성은 제가 지니고 있다는 부처님의 말씀을 정면으로 어기는 말이다.

 옛 선사님 말씀에 '천지(天地)가 여아동근(與我同根)이고 만물(万物)이 여아일체(與我一切)'라고 했다. '천지가 여아동근이다'라는 것은 하늘 땅이 나와 더불어 같은 뿌리라는 말이다.
 '나와 더불어'라고 했고 또한 한 뿌리가 아니라 같은 뿌리라고 했다. '더불 여(與)'자와 '같을 동(同)'자가 이미 하나라 할 수 없다는 것을 말해주고 있다. 즉 이 말은 하나와도 같다, 한결같이 똑같다는 말이다. 하나라면 '같을 동'자 뿐만 아니라 일이란 글자도 설 수 없다. 일은 이가 있을 때에야 비로소 설 수 있는 것이다.
 그러므로 '천지가 여아동근이다' 즉 하늘과 땅이 나와 더불어 같은 뿌리라는 것은 모든 것이 한결같이 가없는 성품 자체에서 비롯되었다는 말이다.
 또한 '만물이 여아일체이다' 즉 만물이 나와 더불어 한 몸이라는 말에서 일체란 하나의 몸을 말하는 것이 아니라 모든 불성이 가없는 성품 자체로 서로 상즉한 온통인 몸을 말하는 것이어서 만물이 나와 더불어 상즉한 자체를 말한 것이다.

공부를 많이 한 사람이 외도에 깊이 떨어지는 경우가 있다. 인가를 받지 못한 선지식들이 모두 체성을 보지 못한 이는 아니다. 가없는 성품 자체에 사무치고 보니 도저히 둘일 수가 없으므로 불성이 하나라고 한 것이다. 그러나 불성이 하나라고 하는 것은 바른 깨달음이 아니다. 그래서 인가를 받지 않으면 외도라 하는 것이다. 체성에 사무쳤다 해도 스승의 지도를 받아 일체종지를 이루지 못하면 이런 큰 허물을 짓는 것이다.

만약 불성이 하나라고 하는 이가 있으면 "아픈 것을 느끼는 것이 몸뚱이냐, 자성이냐?"라고 물어야 한다. 그러면 당연히 누구나 자성이라고 답할 것이다. 만약 몸뚱이가 아픔을 느끼는 것이라면 시체도 아픔을 느껴야 하기 때문이다. 이렇게 볼 때에 자성이 하나라면 누군가 아플 때 동시에 모두 아픔을 느껴야 할 것이다. 또한 한 사람이 생각을 일으킬 때 이를 모두 알아야 한다. 불성이 하나라면 마음도 하나여서 다른 마음이 있을 수 없기 때문이다.

돈오돈수

제방에 돈오돈수(頓悟頓修)에 대한 여러 가지 서로 다른 주장으로 시비가 끊어지지 않고 있다. 이로 인해 수행자들이 견성하면 더 이상 닦을 것이 없다는 그릇된 견해에 집착하거나 의심을 일으킬까 염려하여 여기에 바른 돈오돈수의 이치를 밝히고자 한다.

견성이 곧 돈오돈수라고 하는 분들이 많다.
그러나 견성이 곧 구경지인 성불이라면 돈오면 그만이지 돈수란 말은 왜 해놓았겠는가?
또한 오후보림(悟後保任)이라는 말은 무슨 말인가.

금강경에는 네 가지 상(我相, 人相, 衆生相, 壽者相)만 여의면 곧 중생이 아니라는 말이 수없이 되풀이되고 있다.
그런데 제구 일상무상분(第九 一相無相分)을 볼 때 다툼이 없는(곧 모든 상을 여읜) 삼매인(三昧人) 가운데 제일인 아라한도 구경지가 아니니 보살도를 닦아 등각을 거쳐야 구경성불인 묘각지에 이른다는 사실을 알 수 있다.
또한, 제이십삼 정심행선분(第二十三 淨心行善分)을 보면 부처님께서 "아도 없고, 인도 없고, 중생도 없고, 수자도 없는 가운데 모든 선법(善法)을 닦아야 곧 아뇩다라삼먁삼보리를 얻는다."라고 말씀하시고 있으니 이것은 다름이 아니라 견성한 후에 견성을 한 지혜로써 항상 체성을 여의지 않고, 남은 업을 모두 닦아 본래 갖춘 지혜덕상을 원만하게 회복시켜야 구경성불할 수 있다는 말씀이다.

그렇다면 어째서 돈수일까?
'돈'이란 시공이 설 수 없는 찰나요, '수'란 시간과 공간 속에서 닦는 것이다.
단박에 마친다면 '돈'이면 그만이고, 견성 이전이든 이후든 닦음이 있다면 '수'라고만 할 것이지 어째서 돈과 수가 함께 할 수 있을까? 그야말로 물의 차고 더움은 그 물을 마셔본 자만이 알듯이 깨달은 사람만이 알 것이다.

사무쳐 깨닫고 보니 시공이 서지 않아 이러-히 닦아도 닦음이 없으니 네 가지 상이 없는 가운데 모든 선법을 닦는 것이요, 단박에 깨달으니 색공(色空)이 설 수 없어 이러-한 경지에서 닦음 없이 닦으니 네 가지 상이 없는 가운데 모든 선법을 닦는 것이다.
이와 같이 깨달아서 깨달은 바 없고, 닦아서는 닦은 바 없이 닦아, 남음이 없는 구경지인 성불에 이르는 과정을 돈오돈수라 한다.

견성하면 마음 이외의 다른 물건이 없는 경지인데 어떻게 닦음이 있을 수 있는가 하고 의심하는 분들이 많다. 그러나 견성했다 해도 헤아릴 수 없는 겁 동안에 길들여온 업으로 인하여 경계를 대하면 깨달아 사무친 바와 늘 일치하지는 못한다.

그래서 견성한 지혜로써 항상 체성을 여의지 않고 억겁에 익혀온 업을 제거하고 지혜 덕상을 원만하게 회복시켜야 구경성불할 수 있다.

이것이 앞에서 밝혔듯 금강경에서 부처님께서 하신 말씀이요, 돈오돈수를 주창한 당사자인 육조 대사님께서 하신 말씀이다.

육조단경 돈황본 이십칠 상대법편과 이십팔 참됨과 거짓을 보면 육조 대사님께서 당신의 설법언하에 대오하고도 슬하에서 3, 40년간 보림한 십대 제자들을 모아놓고 말씀하신다.

"내가 떠난 뒤에 너희들은 각각 일방의 지도자가 될 것이다. 그러므로 내가 너희들에게 설법하는 것을 가르쳐서 근본종지를 잃지 않도록 해주리라. 나오고 들어감에 곧 양변을 여의도록 하라." 하시고 삼과(三科)의 법문과 삼십육대법(三十六對法)을 설하셨다.

뿐만 아니라 2, 3개월 후 다시 십대 제자들을 모아놓고 "8월이 되면 세상을 떠나고자 하니 너희들은 의심이 있거든 빨리 물어라. 내가 떠난 뒤에는 너희들을 가르쳐 줄 사람이 없다." 하시며 진가동정게(眞假動靜偈)를 설하시고 외위 가져 수행하여 종지를 잃지 않도록 하라고 거듭 당부를 하시고 있다.

이것을 보아서도 이 사람이 말한 돈오돈수와 육조 대사께서 말씀하신 돈오돈수가 같다는 것을 알 수 있을 것이다.

다시 한 번 밝히자면 돈오란 자신의 체성을 단박에 깨닫는 것이요, 돈수란 깨달은 체성의 지혜로써 닦음 없이 닦는 것으로 이것이 곧 오후 보림이며, 수행자들이 퇴전하지 않고 구경성불할 수 있는 바른 수행의 길이다.

다음은 전등록 제 9권에서 추출한 것이다.
"돈오(頓悟)한 사람도 닦아야 합니까?"
"만일 참되게 깨달아 근본을 얻으면 그대가 스스로 알게 될 것이니 닦는다, 닦지 않는다 하는 것은 두 가지의 말일 뿐이다. 처음으로 발심한 사람들이 비록 인연에 따라 한 생각에 본래의 이치를 단박에 깨달았으나 아직도 비롯함이 없는 여러 겁의 습기(習氣)는 단박에 없어지지 않으므로, 그것을 깨끗이 하기 위하여 현재의 업과 의식의 흐름을 차츰차츰 없애야 하나니 이것이 닦는 것이다. 그것에 따로이 수행하게 하는 법이 있다고 말하지 마라.

들음으로 진리에 들고, 진리를 들고 묘함이 깊어지면 마음이 스스로 두렷이 밝아져서 미혹한 경지에 머무르지 않으리라. 비록 백천 가지 묘한 이치로써 당대를 휩쓴다 하여도 이는 자리에 앉아서 옷을 입었다가 다시 벗는 것으로써 살림을 삼는 것이니, 요약해서 말하면 실제 진리의 바탕에는 한 티끌도 받아들이지 않지만 만행을 닦는 부문에서는 한 법도 버리지 않느니라. 만일 깨달았다는 생각마저 단번에 자르면 범부니 성인이니 하는 생각이 다하여, 참되고 항상한 본체가 드러나 진리와 현실이 둘이 아니어서 여여한 부처이니라."

"무엇이 돈오(頓悟)이며, 무엇을 점수(漸修)라 합니까?"
"자기의 성품이 부처와 똑같다는 것은 단박에 깨달았으나 비롯함이 없는 옛적부터의 습관은 단박에 제거할 수 없으므로 차츰 물리쳐서 성품에 따라 작용을 일으켜야 하니, 마치 사람이 밥을 먹을 때에 첫술에 배가 부르지 않는 것과 같다."

간화선인가 묵조선인가

나에게 "당신의 지도는 간화입니까, 묵조입니까?"라고 묻는 이들이 있다. 나의 지도법에는 애당초부터 간화니 묵조니 하는 것이 없다. 가없는 성품 자체로 일상을 지어가라는 말이 바로 그것을 대변해주고 있다. 묵조선과 간화선이 나뉜 것은 육조 대사 이후여서 육조 대사 당시까지만 해도 묵조선이니, 간화선이니 하여 나누지 않았다. 나는 육조 대사 당시의 법을 그대로 펴고 있는 것이다.

묵조선과 간화선은 원래 종파가 아니다. 지도받는 이의 근기에 따라 지도한 방편일 뿐이다. 들뜬 생각과 분별망상에서 이끌어내기 위한 방편으로 지도한 것이 묵조선이다. 그렇게 이끌어서 깨달아 사무치면 깨달아 사무친 경지가 일상이 되게끔 다시 이끌어 주어야 하는 것이다.

달마 대사를 묵조선이라고 하는데 중국에 오기 전 달마 대사가 육파외도(六派外道)를 조복시키는 대목을 보면 달마 대사가 묵조선이 아니라는 것이 역력히 드러난다.

다만 황제가 법문을 할 정도였던 그 시대의 교리 위주의 이론불교를 근본불교에 이르게 하기 위한 방편으로 "밖으로 반연하여 일으키는 모든 생각을 쉬고 안으로 구하는 마음마저 쉬어라."라고 가르친 것이다.

간화선도 마찬가지여서 화두라는 용광로에 일체 분별망상을 녹여 없앰으로써 밖으로 반연하여 일으키는 모든 생각을 쉬고, 안으로 구하는 마음마저 쉬게 하여 깨닫게끔 한 것이다.

즉 화두를 들어도 이런 경지에 이르러야 깨달을 수 있는 것이다. 오롯이 끊어지지 않게 화두를 들어서 오직 이러한 경지에 이르러 있다가 어떤 경계에 문득 부딪힘으로써 깨닫게 된다. 결국에는 화두인 모든 공안도리 역시 사무쳐 깨닫게 하기 위한 방편이다.

그러므로 수기설법(隨機說法)하고 응병여약(應病與藥)해야 한다. 나 역시 제자가 이러한 경지에 사무쳐 깨닫게끔 하지만, 이미 사무친 연후에는 가없는 성품 자체에 머물러 있으려고만 하지 말고, 그 경지에서 응하여 모자람 없도록 지어나가야 한다고 지도한다.

묵조나 일행삼매(一行三昧), 어느 쪽도 모든 이에게 정해 놓고 일정하게 주어서는 바른 지도가 될 수 없는 것이다. 내가 앉아서 선화할 때에는 오직 심외무물의 경지만 오롯하게끔 지으라고 지도하는 것은 어떻게 보면 묵조선이다. 그것이 가장 빨리 업을 녹이는 방법이기 때문에 그렇게 지도하는 것이다.

그러나 활동할 때는 가없는 성품 자체로 일상을 지어 가라고 지도했으니 이것은 곧 일행삼매에 이르도록 지도한 것이다. 안팎 없는 경지를 여의지 않는 것이 삼매이니, 일상생활 속에서 여의지 않는 가운데 보고 듣고, 보고 듣되 여의지 않는 그것이 일행삼매이다.

그렇다면 나는 한 사람에게 묵조선과 일행삼매를 다 가르치고 있는 것이 된다. 묵조선이라고 했지만 앉아서는 생사해탈을 위한 멸진정을 익히도록 하고, 그 외에는 다 일행삼매를 짓도록 지도하고 있는 것이어서 한편으로 멸진정을 익히는 가운데 조사선을 짓고 있는 것이다.

 어떠한 약도 쓰이는 곳에 따라 좋은 약이 되기도 하고 사약이 되기도 한다. 스승이 진정 자유자재해서 제자가 머물러 있는 부분을 틔워주는 지도를 할 때 그것이 약이 되는 것이다.
 그러므로 '나는 간화선만을 가르친다.' 그렇게 지도해서는 안 된다. 부처님께서도 수기설법하라 하셨다. 병을 치료해 주는 것이 약이듯 그 기틀에 맞게끔 설해 주는 것이 참 법이다.
 무유정법(無有定法)이라 하지 않았는가. 그 사람의 바탕과 익힌 업력과 현재의 경지 등 모든 것을 참작해서 거기에 알맞게 베풀어 주어야 한다.
 부처님의 경을 마가 설하면 마설이 되고, 마경을 부처님께서 설하시면 진리의 경전이 된다는 것도 바로 이런 데에서 하신 말씀이다.

 어느 한 종에만 편승하면 안 된다. 우리는 이 속에 오종칠가(五宗七家)의 법을 다 수용해야 된다. 어느 한 법도 버릴 수 없다. 모든 근기에 알맞도록 설해 주고 이끌어 줄 수 있어야 하기 때문이다.
 그래서 다만 응하여 모자람이 없이 병에 의하여 약을 줄 뿐, 정해진 법이 없어서 어느 한 법도 따로 취함이 없어야 하는 것이다.

 육조 대사께 행창이 찾아와 부처님 열반경 중에서 유상(有常)과 무상(無常)을 가지고 물었을 때 행창이 무상이라 하면 육조 대사는 유상이라 하고, 행창이 유상이라 하면 육조 대사는 무상이라 했다. 왜냐하면 원래부터 무상이니 유상이니가 있을 수 없어서, 부처님께서는 다만 유상이라는 집착을 벗어나게 하기 위해 무상을 말씀하시고, 무상이라는 집착을 벗어나게 하기 위해 유상을 말씀하셨을 뿐이거늘, 행창은 열반경의 이 말씀에 묶여 있었기 때문이다.

　육조 대사가 이러한 이치에 대해서 설하자 행창이 곧 깨닫고 오도송을 지어 바쳤다.

　이렇게 수기설법할 때 불법이다. 수기설법하지 못하면 임제종보다 더한 것이라 해도 불법일 수 없다.

　각각 사람의 근기가 다른데 어떻게 천편일률적인 방법으로 똑같이 교화할 수 있겠는가.

불교 종단은 깨달은 분에 의해 운영되어야 한다

불교 정상의 지도자는 깨달아 일체종지를 이룬 분으로서, 어떤 이보다도 그 통달한 지혜와 덕과 복을 갖춤이 뛰어나고, 멀리 앞을 내다보는 안목을 지니고 있어야 한다. 그리고 불교 종단은 그분의 말이 법이 되어야 하고, 그분의 지시에 의해 운영되어야 한다.

당연하게 여겨져야 할 이 일이 새삼스러운 일로 여겨지는 것이야말로 크게 개탄해야 될 오늘날 불교계의 현실이다. 왜냐하면 이 일이 새삼스러워진 것만큼 부처님 당시의 법에서 그만큼 멀어졌다는 것을 의미하기 때문이다.

석가모니 부처님 생전에는 부처님 말씀 그대로가 법이었다. 그리고 부처님은 깨달음을 제1의 법으로 두셨다. 그렇기 때문에 부처님의 모든 법문을 가장 많이 알고 있는 다문제일 아난존자가 깨닫지 못했다는 이유로 부처님 열반 후, 제1차 경전 결집에 참여할 수 없었던 것이다.

이변인 법에 있어서 뿐만 아니라 사변인 승단의 행정에 있어서도 마찬가지였다. 계율을 정하고, 대중을 통솔하고, 승단을 운영하는 일까지 부처님께서 직접 지시하셨다.

모든 제자들은 부처님의 말씀을 따라 그 지시대로 한 마음, 한 뜻으로 부처님의 손발이 되었을 뿐이다. 부처님의 지시야말로 과거, 현재,

미래를 내다보는 안목의 가장 이상적인 행정이었기 때문이다.

우리나라 역시 근대에만 해도 깨달아 법력을 지닌 분이 종정을 지내셨을 때에는 그분의 말씀이 법이었고, 인가 받은 분들이 종회에 계실 때에는 그분들의 말씀을 받들어 종단의 행정이 운영되었다.

하동산 선사나 금오 선사, 효봉 선사 같은 분들이 종정이셨던 1950~60년대까지도 그러하였으니, 종정이 종단 전체의 주요 안건을 결정하는 결정권을 가지고 있었다.

종회 역시 혜암 스님, 금오 스님, 춘성 스님, 청담 스님 등 만공 선사 회상에서 인가 받은 분들이 종회에 계실 때에는 그분들의 뜻에 의거하여 종회 의원들이 승단의 일을 처리하였다.

그러므로 현재에 있어서도 만약 종회에 의해 종단이 운영되어야 한다면, 종회는 깨달아 보림한 분으로 구성되어야 한다. 그러한 종회라면 금상첨화여서 가장 훌륭한 불교 종단 운영이 될 것이다. 그러나 그것이 어려워서 깨달아 보림해서 일체종지를 통달한 분이 종정 한 분이라면, 그 한 분에 의해 모든 통솔이 이루어져야 한다. 만약 깨닫지 못한 분으로 이루어진 종회나 총무원에 의해 종단이 운영된다면, 십중팔구 그것은 진리가 아닌 세속적인 판단으로 흘러가기 때문이다.

이것은 불교 종단뿐만 아니라 한 절에 있어서도 마찬가지이다. 법이 가장 뛰어난 분으로 그 절의 운영이 이루어져야 바른 운영이 이루어진다. 그래서 선을 꽃피웠던 중국에서도 56조 석옥 청공 선사에 이르기까지 대대로 공부가 가장 많이 된 분인 조실이 주지를 겸하여 절 일을 보셨다.

조실과 주지가 다른 분이 아니었으니, 이판과 사판이 나뉘어지지 않앉다.
　이판을 운용하는 것이 사판이기 때문에, 이판과 사판은 본래 나뉠 수 없는 것이다. 이판에 있어서 깨달은 분이어야 하는 것처럼, 사변을 운용하고 다스리는 사판에 있어서도 다를 수 없다고 본다.
　일체유심조, 마음이 세계를 빚어내듯 모든 이치를 운용하는 지혜가 있어야 사변에 있어서도 자유자재의 운영이 가능하기 때문이다.

　일체 모든 진리를 설한 경전과 일체 모든 실천규범을 정한 율로 이사일치의 수행을 현실화했던 석가모니 부처님, 무위도식하거나 말로만 떠드는 수행을 경계하여 '일일부작이면 일일불식하라'는 승가의 규율을 통해 일상 그대로인 선을 꽃피우고자 했던 백장 선사, 생생히 살아 숨쉬는 불법의 역사 어디에도 이판과 사판이 나뉘었던 적은 없었다.

　불법은 이름 그대로 부처님의 법이다.
　부처님 당시의 법이 오늘에 되살려져, 항상한 이치가 응하여 모자람 없는 다양한 방편으로 변주되어, 만인의 삶이 불법의 기피와 축복 속에 꽃피고 열매 맺을 수 있도록, 불교 종단의 운영은 반드시 깨달아 일체종지를 통달한 분에 의해 이루어져야 한다고 본다.

조계종을 육조정맥종이라고 이름한 이유

　불법이 석가모니 부처님으로부터 28대 달마 대사에 이르러 동토에 전해지고 다시 33조인 육조 대사에 의해 가장 활발하고 왕성한 황금시대를 이루었다. 그래서 우리나라의 정통 불교 종단에 조계종이라는 이름이 붙여진 것이다. 육조 대사께서 생전에 조계산에 주하셨고, 대부분의 선사들의 호로 계신 곳의 지명이나 산 이름으로 쓰였기 때문이다.

　그러므로 조계종의 조계란 육조 대사를 의미하고, 조계종이란 결국 육조 대사의 법을 의미하며 조계종단은 육조 대사의 법을 받아 이어가는 종단이다.

　그러나 조계는 육조 대사께서 정식으로 스승에게 받은 호가 아니다. 호는 당호라고도 하는데, 대부분 스승이 제자를 인가하며 주는 것이다. 종사와 법을 거량하여 종사로부터 인가를 받고 입실건당의 전법식을 할 때에 당호와 가사, 장삼, 전법게 등을 받는다. 이때, 위에서 말하였듯 주로 그가 살고 있는 절 이름, 또는 지명, 그가 거처하던 집 등의 이름을 취하여 호로 삼는 경우가 많다. 그런데 육조 대사께서 조계산에 주하시기는 하였으나 스승인 오조 홍인 대사는 육조 대사에게 조계라는 호를 내린 적이 없다. 또 육조 대사 역시 생전에 조계라는 호를 쓴 적이 없다.

　대부분의 사전에 육조 대사를 조계 대사라고도 한다고 되어 있는데, 이것은 후대인들이 지어 부른 것이다. 만약 '조계'를 육조 대사를 지칭하는 공식적인 명칭으로 쓴다면 이것은 후대인들이 선대의 대선사의 호를 지어 부르는 격이 되니 참으로 예에 맞지 않다고 할 것이다.

　이러한 이유에서 조계종이라는 이름이 불교종단의 정식이름으로 적합하지 않다고 보았고, 또한 육조 대사의 법을 이어받아 바르게 펴는 곳이라는 의미를 담기에 가장 적당하여 육조정맥종이라 이름하였을 뿐, 수덕사 문중 전강 선사님의 인가를 받아 석가모니 부처님으로부터 근대의 대선지식인 경허, 만공, 전강 선사로 이어진 법맥을 이은 이로서 따로이 새로운 종단을 설립한 것이 아니다. 그렇기에 출가함에 있어서 불필요한 논쟁의 소지를 없애기 위해 육조정맥종이라고 이름한 이유와 스스로 한 번도 결제, 해제, 연두법어를 내리지 않았던 까닭이 따로 새로운 종단을 설립한 것이 아니었기 때문이라는 것을 밝히는 바이다.

희비송(喜悲頌)

이름도 없고 상도 없는 일 없는 사람이
태평의 노래를 흥에 취해 불렀더니
때도 없고 끝도 없는 구제의 일이
대천세계에 충만히 펼쳐졌네

無名無相無事人
太平之歌唱興醉
無時無端救濟事
大千世界布充滿

정신송(正信頌)

이름도 없고 상도 없는 이 바탕인 몸이여
이 바탕을 깨달은 믿음이라야 이 바른 믿음이라
이와 같은 믿음이 없이는 마음이 나라 말라
눈 광명이 땅에 떨어질 때 한이 만단이나 되리라

無名無相是地體
悟地之信是正信
若無是信莫心我
眼光落地恨萬端

진심송(眞心頌)

이름도 없고 상도 없는 이 진공이여
공이라는 공은 공이라 함마저도 없는 이 참 바탕이라
이와 같은 바탕이라야 이 공인 몸이니
이와 같은 몸이 아니면 참다운 마음이 아니니라

無名無相是眞空
空空無空是眞地
如是之地是空體
如是非體非眞心

업신송(業身頌)

업의 몸이란 것은 고통의 근본이요
업의 마음이란 것은 환란의 근본이니라
업의 행이란 것은 다툼의 근본이요
업의 일이란 것은 허망의 근본이니라

業身乃苦痛之本
業心乃患亂之本
業行乃鬪爭之本
業事乃虛妄之本

보림송(保任頌) 1

업의 몸을 다스리는 데는 계행이 최상이요
업의 마음을 다스리는 데는 인내가 최상이니라
계행과 인내로 잘 다스리면 보림이 순조롭고
보림이 잘 이루어지면 구경에 이르느니라

治業身之戒最上
治業心之忍最上
善治戒忍順保任
善成保任至究竟

보림송(保任頌) 2

육신의 욕망은 하나까지라도 모두 버려야 하고
육신을 향한 생각은 남음이 없이 버려야 하느니라
이와 같이 보림하면 업이 중한 사람일지라도
당생에 반드시 구경지를 성취하리라

肉身欲望捨都一
肉身向思捨無餘
如是保任重業人
當生必成究竟地

공성본질송(空性本質頌) 1

무극인 빈 성품의 본래 몸은
언어나 마음과 행위로 표현 못 하나
모든 부처님과 만물이 이로 좇아 생겼으며
궁극에 일체가 돌아가 의지할 곳이니라

無極空性之本體
言語道斷滅心行
諸佛萬物從此生
窮極一切歸依處

공성본질송(空性本質頌) 2

혼연한 빈 바탕을 이름해서 무아라 하고
무아의 다른 이름이 이 무극이니라
유정 무정이 이로 좇아 생겼으며
궁극에 일체가 돌아가 의지할 곳이니라

渾然空地名無我
無我異名是無極
有情無情從此生
窮極一切歸依處

공성본질송(空性本質頌) 3

이러-히 밝게 사무친 것을 이름해서 견성이라 하고
이 바탕에 밝게 사무쳐야 바르게 깨달은 사람이니
도를 닦는 사람은 반드시 명심해서
각자 관조하여 그릇 깨달음이 없어야 하느니라

如是明徹名見性
是地明徹正悟人
修道之人必銘心
各者觀照無非悟

명정오송(明正悟頌)

밝지도 어둡지도 않은 곳을 향해서
그윽한 본래의 바탕에 합하여야
이것을 진실한 깨달음이라 하는 것이니
그렇지 않다면 바른 깨달음이 아니니라

向不明暗處
冥合本來地
此是眞實悟
不然非正悟

무아송(無我頌)

중생들이 말하는 무아라는 것은
변하고 달라지는 나를 말하는 것이요
깨달은 사람의 무아는
변하지 않는 나를 말하는 것이다

衆生之無我
變異之言我
悟人之無我
不變之言我

태시송(太始頌)

탐착한 묘한 광명에 합한 것이 상을 이루었고
상에 집착하여 사는데서 익힌 것이 모든 업을 이루었다
업을 인해서 만반상이 생겨 나왔으며
만상으로 해서 만반법이 생겨 나왔다

貪着妙光合成相
執相生習成諸業
因業生出萬般象
萬象生出萬般法

21세기에 인류가 해야 할 일

　이 사람은 1962년 26세 때부터 21세기에 인류에게 닥칠 공해문제, 에너지문제를 예견하고 대체에너지(무한원동기, 태양력, 파력, 풍력 등) 개발과 '울 안의 농법'을 연구하고 그 필요성을 많은 이들에게 이야기해 왔습니다.

　당시에는 너무 시대를 앞서가는 이야기여서인지 일반인들이 수용하지 못하고 오히려 불신의 눈으로 바라보며 이 사람의 법마저 의심하였습니다. 하지만 현대에 있어서는 이것이 인류가 해결해야 할 가장 절박한 사안이 되어 있습니다.

　'사막화방지 국제연대'를 설립한 것도 현재 인류가 해결해야 할 가장 절박한 지구환경문제를 이슈화시키고 그 해결책을 제시하여 재앙에 직면한 지구촌을 살리기 위해서입니다.

　'사막화방지 국제연대'에서 추진하고 있는 사막화 방지, 지구 초원화, 대체에너지 개발은 온 인류가 발 벗고 나서서 해야 할 일입니다.

첫 번째 사막화 방지에 있어서 기존에 해왔던 '나무심기 사업'은 천문학적인 예산과 많은 인력을 동원하고도 극도로 황폐한 사막화된 환경을 되살리는 데 실패하였습니다.

그래서 이 사람은 사막화 방지에 있어서는 '사막 해수로 사업'을 새로운 방안으로 제시하였습니다.

사막 해수로 사업은 사막화된 지역에 수도관을 매설하여 바닷물을 끌어들여서 염분에 강한 식물을 중심으로 자연생태계를 복원하는 사업입니다.

이것은 나무심기 사업으로 심은 나무들이 절대적으로 물이 부족하여 생존할 수 없었던 문제를 해결할 수 있는, 현재로서는 유일한 해결책입니다.

그러나 '사막화방지 국제연대'의 목적은 사막이 확장되는 것을 방지하자는 것이지 사막 전체를 완전히 없애자는 것은 아닙니다. 인체에서 심장이 모든 피를 전신의 구석구석까지 골고루 보내어 살아서 활동하게 하듯이 사막은 오히려 지구의 심장 역할을 하는 중요한 곳이기 때문입니다.

그래서 21세기에 있어서는 다만 사막의 확장을 방지할 뿐 아니라 사막을 어떻게 운용하느냐를 연구해야 합니다.

사막에 바둑판처럼 사방이 막힌 플륨관 수로를 설치하여 동, 서, 남, 북 어느 방향의 수로를 얼마만큼 채우느냐 비우느냐에 따라, 사막으로부터 사방 어느 방향으로든 거리까지 조절하여, 원하는 지역에 비를 내리게 하고 그치게 할 수 있습니다. 철저히 과학적인 데이터에 의해 이렇게 사막을 운용함으로써 21세기의 지구를 풍요로운 낙원시대로 만들어가야 합니다.

　두 번째로 지구를 초원화할 수 있는 방안으로 3년간의 실험을 통해, 광활한 황무지 지역을 큰 비용을 들이거나 많은 인력을 동원하지 않고도 짧은 시간 내에 초지로 바꿀 수 있는 식물을 찾아냈습니다.

　그것은 바로 '돌나물'입니다. 돌나물은 따로 종자를 심을 필요가 없이 헬리콥터나 비행기로 살포해도 생존, 번식할 수 있으며, 추위와 더위, 황폐한 땅에서도 살아남을 수 있는 생명력과 번식력이 강한 식물입니다.

　지구환경을 되살리는 초지조성 사업에 있어서 이것이 큰 도움이 되리라 생각합니다.

　세 번째의 대체에너지 개발에 있어서는 태양력, 파력, 풍력 등 1962년도부터 이 사람이 연구하고 얘기해왔던 방법들이 이미 많이 개발되어 실용화한 단계에 있습니다.

　이 세 가지 일은 한 개인이나 한 국가가 할 수 있는 일이 아닙니다. 모든 국가가 앞장서서 전세계적인 사업으로 이루어져야 합니다. 모든 국가가 함께 하는 기금조성이 이루어져야 하고 기금조성에 참여한 국가는 이 시스템에 의한 전면적인 혜택을 입을 수 있도록 해야 합니다.

　인류 모두가 지혜를 모아 이 일에 전력을 다한다면 인류는 유사 이래 가장 좋은 시절을 맞이하게 될 것이며, 만약 이 일을 남의 일인 양 외면한다면 극한의 재앙을 면할 수 없을 것입니다.

　이 사람이 오래 전부터 얘기해왔던 '울 안의 농법'은 이미 미국 라스베이거스(Las Vegas)에서 30층짜리 '고층 빌딩 농장'으로 구현되었습니다. 그렇게 크게도 운영될 수 있지만 각자 자신의 집에서 이루어지는 '울 안의 농법'도 필요합니다.

21세기에 있어서 또 하나 인류가 만일의 사태를 대비해서 연구, 추진해야 될 일이 있다면 바닷속에서의 수중생활, 수중경작입니다.

지구 온난화가 심화될 경우, 공기가 너무 많이 오염될 경우, 바닷물이 높아져 살 땅이 좁아질 경우 등에 대비할 때, 인류는 우주에서의 삶보다는 바닷속에서의 삶을 준비해야 합니다. 왜냐하면 그것이 훨씬 수월하고 비용도 절감할 수 있기 때문입니다.

이렇게 깨달은 이는 이변적으로는 깨달음을 얻게 하여 영생불멸의 삶을 영위할 수 있도록 만인을 이끌어야 하며 사변적으로는 일반인이 예측할 수 없는 백 년, 천 년 앞을 내다보아 이를 미리 앞서 대비하도록 만인의 삶을 이끌어줘야 한다고 생각합니다.

불법의 뜻은 다만 진리 전수에만 있는 것이 아니니, 만인이 서로 함께 영원한 극락을 누릴 때까지 물심양면으로, 이사일여로 베풀어 교화해야 하기 때문입니다.

가슴으로 부르는 불심의 노래

　여기에 실린 가사는 모두 농선 대원 선사님께서 직접 작사하신 것이다. 수행의 길로 들어서게끔 신심, 발심을 북돋아주는 가사로부터 수행의 길로 접어든 이의 구도의 몸부림이 담겨있는 가사, 대승의 원력을 발해서 교화하는 보살의 자비심과 함께 낙원세계를 누리는 풍류를 그려놓은 가사까지 한마디, 한마디가 생생하여 그 뜻이 뼛속 깊이 새겨지고 그 멋에 흠뻑 취하게 된다. 농선 대원 선사님께서는 거칠고 말초적인 요즘의 노래를 듣고 이러한 정서를 순화시키고자, 또한 수행의 마음을 진작시키고자 하는 뜻에서 이 가사들을 쓰셨다.

 그래야지

1.
마음으로 물질로써
갖가지로 베푸는 것
생활화한 국민되어
이뤄내는 국가되세
그래야지 그래야지
얼씨구나 좀 더 좋다

그런 이웃 그런 나라
이뤄내서 사노라면
모든 나라 따르리니
그리되면 지상낙원
그래야지 그래야지
얼씨구나 좀 더 좋다

별중의 별 될 것이니
선조의 뜻 이룸이라
후손으로 할 일 해낸
자부심이 치솟누나
그래야지 그래야지
얼씨구나 좀 더 좋다

얼씨구야 절씨구야
좀 더 좋고 좀 더 좋다
얼씨구야 절씨구야
좀 더 좋고 좀 더 좋다

아리랑 아리랑 아라리요
아리랑 고개를 넘어간다

2.
그래야지 그래야지
혼자 삶이 아닌 세상
웬만하면 넘어가는
아량으로 살아가세
그래야지 그래야지
얼씨구나 좀 더 좋다

부딪히면 틀어져서
소통의 길 막히나니
그러므로 눈 감아줘
참는 것이 상책일세
그래야지 그래야지
얼씨구나 좀 더 좋다

걸린 생각 비워내서
한결같이 사노라면
복이되어 돌아옴을
실감할 날 있을 걸세
그래야지 그래야지
좀 더 좋고 좀 더 좋다

얼씨구야 절씨구야
좀 더 좋고 좀 더 좋다
얼씨구야 절씨구야
좀 더 좋고 좀 더 좋다

아리랑 아리랑 아라리요
아리랑 고개를 넘어간다

마음

1.
시작도 없는 마음
끝남도 없는 마음

온통으로 드러나
언제나 같이 있어

어떤 것도 가릴 수
전혀 없는 그 마음

고고하고 당당한
영원한 마음일세

아리랑 아리랑 아라리요
아리랑 고개를 넘어간다
청천 하늘에 잔별도 많고
요내 가슴에는 희망도 많다

2.
모두를 마음으로
시도를 뭐든 해봐

안되는 일 없어서
사는 데 불편없고

하고프면 하면 돼
뜻 펼치는 삶이니

즐겁고도 즐거운
누리는 삶이로세

아리랑 아리랑 아라리요
아리랑 고개를 넘어간다
청천 하늘에 잔별도 많고
요내 가슴에는 희망도 많다

사는게 아리랑 고개

1.
이 마음이 내가 되니
나고 죽음 본래 없고
이리 보고 저리 봐도
허공까지 내 몸일세
신기하고 신기하다
신기하고 신기해

이 마음이 내가 되니
안 되는 일 전혀 없어
잡된 생각 사라지고
두려움도 없어졌네
신기하고 신기하다
신기하고 신기해

이 마음이 내가 되니
끝이 없이 자유롭고
잠 못 이룬 괴로움과
공황장애 흔적 없네
신기하고 신기하다
신기하고 신기해

아리랑 아리랑
아라리요
아리랑 고개를 넘어왔다

2.
이 마음이 내가 되니
맘 먹은 일 순조롭고
살아가는 나날들이
마음광명 누림일세
신기하고 신기하다
신기하고 신기해

이 마음이 내가 되니
마음광명 누림이라
나날들이 평화롭고
자신감이 넘쳐나네
신기하고 신기하다
신기하고 신기해

이 마음이 내가 되니
대인관계 순조로와
일일마다 즐거웁고
웃음꽃이 피어나네
신기하고 신기하다
신기하고 신기해

아리랑 아리랑
아라리요
아리랑 고개를 넘어왔다

불보살의 마음

1.
자비, 그 자비는 눈물이었네
불나방이 불을 쫓듯 가는 이
그래도 못 잊어서 버리지 못해
저리는 저리는 가슴, 그 가슴 안고서
눈물, 피눈물로 저리 부르네

2.
자비, 그 자비는 눈물이었네
제 살 길을 저버리는 이들을
그래도 못 잊어서 버리지 못해
저리는 저리는 가슴, 그 가슴 안고서
눈물, 피눈물로 저리 부르네

나의 노래

1.
노세 노세 봄놀이하세
대천세계 이 봄 경치
한산 습득 친구 삼아
호연지기 즐겨볼까
얼씨구나 절씨구
아니나 즐기고 무엇하리

2.
노세 노세 봄놀이하세
걸음 쫓아 이른 곳곳
문수 보현 벗을 삼아
화엄광장 춤춰볼까
얼씨구나 절씨구
아니나 즐기고 무엇하리

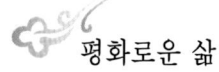 평화로운 삶

1.
이 몸을 나로 아는
하나의 실수로서
우주가 생긴 이래

얼마나 많은 고통
겪어들 왔었던가
치떨린 일이로세

뭘 해야 그 반복을
금생에 끊어버려
그 고통 벗어날까

생각코 생각하니
그 해결 내게 있네
마음이 나 된걸세

아리랑 아리랑 아라리요
아리랑 고개를 넘어간다
청천 하늘엔 잔별도 많고
이내 가슴엔 희망도 많다

2.
마음이 내가 되면
그 어떤 것이라도
더 이상 필요찮고

마음이 내가 되면
미묘한 갖은 공덕
스스로 갖춰 있고

마음이 내가 되면
그 모든 근심 걱정
씻은 듯 사라지고

마음이 내가 되면
이 생과 저 세상이
당초에 없는 걸세

아리랑 아리랑 아라리요
아리랑 고개를 넘어간다
청천 하늘엔 잔별도 많고
이내 가슴엔 희망도 많다

3.
마음이 내가 되면
어제와 내일 일을
눈 앞 일 알 듯하고

마음이 내가 되면
신분이 관계 없이
서로가 평등하며

마음이 내가 되면
모든 일 뜻을 따라
원만히 이뤄지고

마음이 내가 되면
걸림이 없는 그 삶
저절로 이뤄지네

아리랑 아리랑 아라리요
아리랑 고개를 넘어간다
청천 하늘엔 잔별도 많고
이내 가슴엔 희망도 많다

 그리운 님

환갑 진갑 다 지난 삶 살다보니
석양 노을 바라보다 텅 빈 가슴
외로움에 철이 드나 생각나는
님이시여 이 몸마저 자유롭지
못한 괴롬 닥쳐서야 님의 말씀
들려오는 철없던 삶 후회하며
외쳐 찾는 님이시여 지는 해를
붙들고서 맘이 나된 삶으로써
나고 죽는 모든 고통 없는 삶을
누리라는 그 말씀이 빛이 되어
외쳐지는 님이시여 이제라도
실천 실행 하오리다 이끌어만
주옵소서 님이시여 내 님이여

잘 사는 게 불법일세

1.
잘 사는 게 불법일세
우리 모두 관음보살 지장보살 생활 속에 모시면서
마음 비운 나날들로 바른 삶을 하노라면
불보살님 가피 속에 뜻 이뤄서 꽃을 피운
그런 날이 있을 걸세

2.
잘 사는 게 불법일세
우리 모두 관음보살 지장보살 생활 속에 모시면서
마음 비워 살아가며 시시때때 잊지 않고
참나 찾아 참구하는 그 정성도 함께하면
좋은 소식 있을 걸세

3.
잘 사는 게 불법일세
우리 모두 관음보살 지장보살 생활 속에 모시면서
틈틈으로 회광반조 사색으로 참나 깨쳐
화장세계 장엄하고 얼쉬얼쉬 어울리며
영원토록 웃고 사세

님은 아시리

1 부

1.
사계절의 풍광인들 위로되겠니
서사시의 음률인들 쉬어지겠니
뜻과 같이 되지 않아 기도에 젖은
이 마음 님은 아시리
한 세상 열정 쏟아 닦는 수행길
불보살님 출현하셔 베푼 자비에
모든 망상 모든 번뇌 없었으면 좋으련만
마음대로 안 되는 게 수행이더라, 수행이더라

2.
사계절의 풍광인들 위로되겠니
서사시의 음률인들 쉬어지겠니
뜻과 같이 되지 않아 기도에 젖은
이 마음 님은 아시리
청춘의 모든 욕망 사뤄버리고
회광반조 촌각 아낀 열정 쏟아서
이룬 선정 그 효력이 있었으면 좋으련만
마음대로 안 되는 게 보림이더라, 보림이더라

3.
사계절의 풍광인들 위로되겠니
서사시의 음률인들 쉬어지겠니
뜻과 같이 되지 않아 기도에 젖은
이 마음 님은 아시리
억겁의 모든 습성 꺾어보려고
갖은 노력 갖은 인내 온통 쏟아서
세월 잊은 보림 성취 있었으면 좋으련만
마음대로 안 되는 게 성불이더라, 성불이더라

2부

1.
사계절의 풍광인들 비유되겠니
가릉빈가 음률인들 비교되겠니
뜻과 같이 자유자재 베풀어놓고
한없이 즐기시련만
그러한 대자유의 삶을 접고서
중생들을 구제하려 삼도에 출현
갖은 역경 어려움을 감내하는 자비로써
깨워주는 그 진리에 눈을 뜨거라, 눈을 뜨거라

2.
사계절의 풍광인들 비유되겠니
가릉빈가 음률인들 비교되겠니
뜻과 같이 자유자재 베풀어놓고
한없이 즐기시련만
억겁을 다하여도 끝이 없을 걸
알면서도 해내겠다 나선 님의 길
가시밭길 험난해도 일관하신 그 자비에
구류중생 깨달아서 정토 이루리, 정토 이루리

3.
사계절의 풍광인들 비유되겠니
가릉빈가 음률인들 비교되겠니
뜻과 같이 자유자재 베풀어놓고
한없이 즐기시련만
낙원의 모든 즐김 떨쳐버리고
삼악도를 낙원으로 이뤄놓겠다
촌각 아낀 그 열정에 모두 모두 감화되어
이 땅 위에 님의 소원 이뤄지리라, 이뤄지리라

 선 승

토함산 소나무 위에
달빛도 조는데
단잠을 잊은 채
장승처럼 앉아있는
깊은 밤 선승의
그윽한 눈빛
고요마저 서지
못한 선정이라
대천도 흔적 없고
허공계도 머물 수 없는
수정 같은 광명이여,
화엄의 세계로세

 우리 모두

우리 모두 만난 인생 즐겁게 살자
부딪치는 세상만사 웃으며 하자
인연으로 어우러진 세상사이니
풀어가는 삶이어야 하지 않겠니

몸종 노릇 하는 사이 맘 챙겨 살자
맑고 맑은 가을 허공 그렇게 비워
명상으로 정신세계 사무쳐보자
언젠가는 깨쳐 웃는 그날이 오리

한산 습득 껄껄 웃는 그러한 웃음
웃어가며 모든 일을 대하는 날로
활짝 펼쳐 어우러진 그러한 삶을
우리 모두 발원하며 즐겁게 살자

도서출판 문젠(Moonzen Press)의 책들

출간 도서

바로보인 전등록 전 5권
바로보인 무문관
바로보인 벽암록
바로보인 천부경 · 교화경 · 치화경
바로보인 금강경
세월을 북채로 세상을 북삼아
영원한 현실
바로보인 신심명
바로보인 환단고기 전 5권
바로보인 선문염송 전 30권
앞뜰에 국화꽃 곱고 북산에 첫눈 희다
바로보인 증도가
바로보인 반야심경
선을 묻는 그대에게 1 · 2
바로보인 선가귀감
바로보인 법융선사 심명
주머니 속의 심경
바로보인 법성게
달다 -전강 대선사 법어집
기우목동가
초발심자경문
방거사어록
실증설

하택신회대사 현종기
불조정맥 - 한 · 영 · 중 3개국어판
바른 불자가 됩시다
누구나 궁금한 33가지
108진참회문 - 한 · 영 · 중 3개국어판
달마의 일할도 허락지 않는다
마음대로 앉아 죽고 서서 죽고
화두 3개국어판 - 한 · 영 · 중
바로보인 간당론
완전한 우리말 불공예식법
바로보인 유마경
실증설 5개국어판 - 한 · 영 · 불 · 서 · 중
누구나 궁금한 33가지 3개국어판
 - 한 · 영 · 중
달마의 일할도 허락지 않는다
3개국어판 - 한 · 영 · 중
법성게 3개국어판 - 한 · 영 · 중
정법의 원류
바로보인 도가귀감
바로보인 유가귀감
화엄경 81권
바로보인 전등록 전 30권

출간예정 도서

바로보인 능엄경 제6권
바로보인 원각경
바로보인 육조단경
바로보인 대전화상주 심경
바로보인 위앙록
해동전등록 전 10권
말 밖의 말
언어의 향기
농선 대원 선사 선송집

진리와 과학의 만남
바로보인 5대 종교
금강경 야부송과 대원선사 토끼뿔
선재동자 참알 오십삼선지식
경봉선사 혜암선사 법을 들어 설하다
십현담 주해
불교대전
태고보우선사 어록

1. 바로보인 전등록 (전30권을 5권으로)

7불과 역대 조사의 말씀이 1,700공안으로 집대성되어 있는 선종 최고의 고전으로, 깨달음의 정수가 살아 숨쉬도록 새롭게 번역되었다.
464, 464, 472, 448, 432쪽.
각권 18,000원

2. 바로보인 무문관

황룡 무문 혜개 선사가 저술한 공안집으로 전등록, 선문염송, 벽암록 등과 함께 손꼽히는 선문의 명저이다. 본칙 48개와 무문 선사의 평창과 송, 여기에 역저자인 대원선사의 도움말과 시송으로 생명과 같은 선문의 진수를 맛보여 주고 있다.
272쪽. 12,000원

3. 바로보인 벽암록

설두 선사의 설두송고를 원오 극근 선사가 수행자에게 제창한 것이 벽암록이다.
이 책은 본칙과 설두 선사의 송, 대원선사의 도움말과 시송으로 이루어져, 벽암록을 오늘에 맞게 바로 보이고 있다.
456쪽. 15,000원

4. 바로보인 천부경

우리 민족 최고(最古)의 경전 천부경을 깨달음의 책으로 새롭게 바로 보였다. 이 책에는 81권의 화엄경을 81자에 함축한 듯한 천부경, 교화경, 치화경의 내용이 함께 담겨 있으며, 역저자인 대원선사가 도움말, 토끼뿔, 거북털 등으로 손쉽게 닦아 증득하는 문을 열어 놓고 있다.
432쪽. 15,000원

5. 바로보인 금강경

대원선사의 『바로보인 금강경』은 국내 최초로 독창적인 과목을 내어 부처님과 수보리 존자의 대화 이면의 숨은 뜻을 드러내고, 자문과 시송으로 본문의 핵심을 꿰뚫어 밝혀, 금강경 전체를 손바닥 안의 겨자씨를 보듯 설파하고 있다.
488쪽. 15,000원

6. 세월을 북채로 세상을 북삼아

대원선사의 선시가 담긴 선시화집 『세월을 북채로 세상을 북삼아』는 선과 시와 그림이 정상에서 만나 어우러진 한바탕이다.
선의 세계를 누리는 불가사의한 일상의 노래, 법열의 환희로 취한 어깨춤과 같은 선시가 생생하고 눈부시게 내면의 소리로 흐른다.
180쪽. 15,000원

7. 영원한 현실

애매모호한 구석이 없이 밝고 명쾌하여, 너무도 분명함에 오히려 그 깊이를 헤아리기 어려운, 대원선사의 주옥같은 법문을 모아 놓은 법문집이다.
400쪽. 15,000원

8. 바로보인 신심명

신심명은 양끝을 들어 양끝을 쓸어버리는, 40대치법으로 이루어진, 3조 승찬 대사의 게송이다. 이를 대원선사가 바로 번역하는 것은 물론, 주해, 게송, 법문을 더해 통쾌하게 회통하고 자유자재 농한 것이 이 『바로보인 신심명』이다.
296쪽. 10,000원

9. 바로보인 환단고기 (전5권)

『바로보인 환단고기』 1권은 민족정신의 정수인 환단고기의 진리를 총정리하여 출간하였다. 2권에는 역사총론과 태초에서 배달국까지 역사가 실려 있으며, 3권은 단군조선, 4권은 북부여에서부터 고려까지의 역사가 실려 있다. 5권에는 역사를 증명하는 부록과 함께 환단고기 원문을 실었다. 344·368·264·352·344쪽. 각권 12,000원

10. 바로보인 선문염송 (전30권)

선문염송은 세계최대의 공안집이다. 전 공안을 망라하다시피 했기에 불조의 법 쓰는 바를 손바닥 들여다보듯 하지 않고는 제대로 번역할 수 없다. 대원선사는 전 공안을 바로 참구할 수 있게끔 번역하고 각 칙마다 일러보였다. 352 368 344 352 360 360 400 440 376 392 384 428 410 380 368 434 400 404 406 440 424 460 472 456 504 528 488 488 480 512쪽. 각권 15,000원

11. 앞뜰에 국화꽃 곱고 북산에 첫눈 희다

대원선사의 선문답집으로 전강·경봉·숭산·묵산 선사와의 명쾌한 문답을 실었으며, 중앙일보의 〈한국불교의 큰스님 선문답〉 열 분의 기사와 기자의 질문에 대한 대원선사의 별답을 함께 실었다.
200쪽. 5,000원

12. 바로보인 증도가

선종사에 사라지지 않을 발자취로 남은 영가 선사의 증도가를 대원선사가 번역하고 법문과 송을 더하였다.
자비의 방편인 증도가의 말씀을 하나하나 쳐가는 선사의 일갈이야말로 영가 선사의 본 의중과 일치하여 부합하는 것이라 아니할 수 없다.
376쪽. 10,000원

13. 바로보인 반야심경

이 시대의 야부(冶父)선사, 대원선사가 최초로 반야심경에 과목을 붙여 반야심경 내면에 흐르는 뜻을 밀밀하게 밝혀놓고 거침없는 송으로 들어보였다.
264쪽. 10,000원

14. 선(禪)을 묻는 그대에게 (전10권 중 2권)

대원선사의 선수행에 대한 문답집.
깨달아 사무친 경지에 대한 밀밀한 점검과, 오후보림에 대한 구체적인 수행법 제시와, 최초의 무명과 우주생성의 원리까지 낱낱이 설한 법문이 담겨 있다.
280쪽, 272쪽. 각권 15,000원

15. 바로보인 선가귀감

선가귀감은 깨닫고 닦아가는 비법이 고스란히 전수되어 있는 선가의 거울이라 할 만하다. 더욱이 바로보인 선가귀감은 매 소절마다 대원선사의 시송이 화살을 과녁에 적중시키듯 역대 조사와 서산대사의 의중을 꿰뚫어 보석처럼 빛나고 있다.
352쪽. 15,000원

16. 바로보인 법융선사 심명

심명 99절의 한 소절, 한 소절이 이름 그대로 마음에 새겨두어야 할 자비광명들이다.
이 심명은 언어와 문자이면서 언어와 문자를 초월한 일상을 영위하게 하는 주옥같은 법문이다.
278쪽. 12,000원

17. 주머니 속의 심경

반야심경은 부처님이 설하신 경 중에서도 절제된 경으로 으뜸가는 경이다. 대원선사의 선송(禪頌)도 그 뜻을 따라 간략하나 선의 풍미를 한껏 담고 있다. 하루에 한 소절씩을 읽고 참구한다면 선 수행의 지름길이 될 것이다.
 84쪽. 5,000원

18. 바로보인 법성게

법성게는 한마디로 화엄경의 핵심부를 온통 훤출히 드러내놓은 게송이다. 짧은 글 속에 일체의 법을 이렇게 통렬하게 담아놓은 법문도 드물 것이다.
이렇게 함축된 법성게 법문을 대원선사가 속속들이 밀밀하게 설해놓았다.
176쪽. 10,000원

19. 달다 - 전강 대선사 법어집

이제는 전설이 된 한국 근대선의 거목인 전강 선사님의 최상승법과 예리한 지혜, 선기로 넘쳤던 삶이 생생하게 담겨 있는 전강 대선사 법어집 〈달다〉!
전강 대선사님의 인가 제자인 대원선사가 전강 대선사님의 법거량과 법문, 일화를 재조명하여 보였다.
368쪽. 15,000원

20. 기우목동가

그 뜻이 심오하여 번역하기 어려웠던 말계 지은 선사의 기우목동가!
대원선사가 바른 뜻이 드러나도록 번역하고, 간결한 결문과 주옥같은 선송으로 다시 보였다.
 146쪽. 10,000원

21. 초발심자경문

이 초발심자경문은 한문을 새기는 힘인 문리를 터득하게 하기 위하여 일부러 의역하지 않고 직역하였다.
대원선사의 살아있는 수행지침도 실려 있다.
266쪽. 10,000원

22. 방거사어록

방거사어록은 선의 일상, 선의 누림을 보여주는 대표적인 선문이다. 역저자인 대원선사는 방거사어록의 문답을 '본연의 바탕에서 꽃피우는 일상의 함'이라 말하고 있다. 법의 흔적마저 없는 문답의 경지를 온전하게 드러내 놓은 번역과, 방거사와 호흡을 함께 하는 듯한 '토끼뿔'이 실려 있다.
306쪽. 15,000원

23. 실증설

이 책은 대원선사가 2010년 2월 14일 구정을 맞이하여 불자들에게 불법의 참뜻을 보이기 위해 홀연히 펜을 들어 일시에 써내려간 법문을 모태로 하였다. 실증한 이가 아니고는 실파할 수 없는 성품의 이치를 자문자답과 사제간의 문답을 통해 1, 2, 3부로 나눠 실증하여 보이고 있다.
224쪽. 10,000원

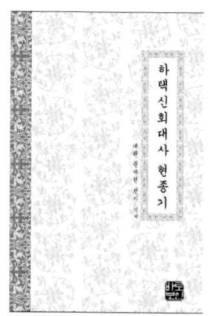

24. 하택신회대사 현종기

육조대사의 법이 중국천하에 우뚝하도록 한 장본인, 하택신회대사의 현종기. 세간에 지해종도(知解宗徒)로 알려져 있는 편견을 불식시키는 뛰어난 깨달음의 경지가 여기에 담겨있다. 대원선사가 하택신회대사의 실경지를 드러내고 바로보임으로써 빛냈다.
232쪽. 10,000원

25. 불조정맥 - 韓·英·中 3개국어판

석가모니불로부터 현 78대에 이르기까지 불조정맥진영(佛祖正脈眞影)과 정맥전법게(正脈傳法偈)를 온전하게 갖춘 최초의 불조정맥서. 대원선사가 다년간 수집, 정리하여 기도와 관조 끝에 완성한『불조정맥』을 3개국어로 완역하였다.
216쪽. 20,000원

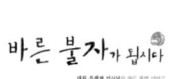

26. 바른 불자가 됩시다

참된 발심을 하여 바른 신앙, 바른 수행을 하고자 해도, 그 기준을 알지 못해 방황하는 불자님들을 위해 불법의 바른 길잡이 역할을 하도록 대원선사가 집필하여 출간하였다.
162쪽. 10,000원

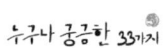

27. 누구나 궁금한 33가지

21세기의 인류를 위해 모든 이들이 가장 어렵고 궁금해 하는 문제, 삶과 죽음, 종교와 진리에 대한 바른 지표를 제시하고자 대원선사가 집필하여 출간하였다.
180쪽. 10,000원

28. 108진참회문 - 韓·英·中 3개국어판

전생의 모든 악연들이 사라져 장애가 없어지고, 소망하는 삶을 살게 하기 위해 대원선사가 10계를 위주로 구성한 108 항목의 참회문이다. 한 대목마다 1배를 하여 108배를 실천할 것을 권한다.
170쪽. 15,000원

29. 달마의 일할도 허락지 않는다

대원선사의 짧고 명쾌한 법문집.
책을 잡는 순간 달마의 일할도 허락지 않는 선기와 맞닥뜨리게 될 것이다. 때로는 하늘을 찌를 듯한 기세와, 때로는 흔적 없는 공기와도 같은 향기를 일별하기를…
190쪽. 10,000원

30. 마음대로 앉아 죽고 서서 죽고

생사를 자재한 분들의 앉아서 열반하고 서서 열반한 내력은 물론 그분들의 생애와 법까지 일목요연하게 수록해놓았다.
446쪽. 15,000원

31. 화두 3개국어판 - 韓·英·中

『화두』는 대원선사의 평생 선문답의 결정판이다. 생생하게 살아있는 선(禪)을 한·영·중 3개국어로 만날 수 있다. 특히 대원선사의 짧은 일대기가 실려 있어 그 선풍을 음미하는 데에 큰 도움을 주고 있다.
440쪽. 15,000원

32. 바로보인 간당론

법문하는 이가 법리를 모르고 주장자를 치는 것을 눈먼 주장자라 한다. 법좌에 올라 주장자 쓰는 이들을 위해서 대원선사가 간당론에서 선리(禪理)만을 취하여 『바로보인 간당론』을 출간하였다.
218쪽. 20,000원

33. 완전한 우리말 불공예식법

부처님께 공양을 올리고 불보살님의 가피를 구하는 예법 등을 총칭하여 불공예식법이라 한다. 대원선사가 이러한 불공예식의 본뜻을 살려서 완전한 우리말본 불공예식법을 출간하였다.
456쪽. 38,000원

34. 바로보인 유마경

유마경은 불법의 최정점을 찍는 경전이라 할 것이니, 불보살님이 교화하는 경지에서의 깨달음의 실경과 신통자재한 방편행을 보여주는 최상승 경전이다. 대원선사가 〈대원선사 토끼뿔〉로 이 유마경에 걸맞는 최상승법을 이 시대에 다시금 드날렸다.
568쪽. 20,000원

35. 실증설
5개국어판 - 韓・英・佛・西・中

대원선사가 불법의 참뜻을 보이기 위해 홀연히 펜을 들어 일시에 써내려간 실증설! 실증한 이가 아니고는 설파할 수 없는 도리로 가득한 이 책이 드디어 영어, 불어, 스페인어, 중국어를 더하여 5개국어로 편찬되었다.
860쪽. 25,000원

36. 누구나 궁금한 33가지
3개국어판 - 韓・英・中

누구라도 풀어야 할 숙제인 33가지의 의문에 대한 답을 21세기의 현대인에게 맞는 비유와 언어로 되살린 『누구나 궁금한 33가지』가 한글, 영어, 중국어 3개국어로 출간되었다.
408쪽. 15,000원

37. 달마의 일할도 허락지 않는다
3개국어판 - 韓·英·中

대원선사의 짧고 명쾌한 법문집인 『달마의 일할도 허락지 않는다』가 한글, 영어, 중국어 3개국어로 출간되었다. 전세계에서 유일하게 활선의 가풍이 이어지고 있는 한국, 그 가운데에서도 불조의 정맥을 이은 대원선사가 살활자재한 법문을 세계로 전하고 있는 책이다.
308쪽. 15,000원

38. 화엄경 (전81권)

대원선사는 선문염송 30권, 전등록 30권을 모두 역해하여 세계 최초로 1,463칙 전 공안에 착어하였다. 이러한 안목으로 대천세계를 손바닥의 겨자씨 들여다보듯 하신 불보살님들의 지혜와 신통으로 누리는 불가사의한 화엄세계를 열어 보였다.
220쪽. 각권 15,000원

39. 법성게 3개국어판 - 韓·英·中

법성게는 한마디로 화엄경의 핵심부를 훤출히 드러내놓은 게송으로 짧은 글 속에 일체 법을 고스란히 담아놓았다. 대원선사의 통쾌한 법성게 법문이 한영중 3개국어로 출간되었다.
376쪽. 15,000원

40. 정법의 원류

『정법의 원류』는 불조정맥을 이은 정맥선원의 소개서이다. 정맥선원은 불조정맥 제77조 조계종 전강 대선사의 인가 제자인 대원 전법선사가 주재하는 도량이다. 『정법의 원류』를 통해 정맥선원 대원선사의 정맥을 이은 법과 지도방편을 만날 수 있다.
444쪽. 20,000원

41. 바로보인 도가귀감

도가귀감은, 온통인 마음〔一物〕을 밝혀 회복함으로써, 생사를 비롯한 모든 아픔과 고를 여의어, 뜻과 같이 누려서 살게 하고자 한 도교의 뜻을, 서산대사가 밝혀놓은 책이다. 대원선사가 부록으로 도덕경의 중대한 대목을 더하고, 그 대목대목마다 결문(決文)하였다.
218쪽. 12,000원

42. 바로보인 유가귀감

유가귀감은 서산대사가 간추려놓은 구절로서, 간결하지만 심오하기 그지없으니, 간략한 구절 속에서 유교 사상을 미루어볼 수 있게 하였다. 대원선사가 그 뜻이 잘 드러나게 번역하고 그 대목대목마다 결문(決文)하였다.
236쪽. 15,000원

43. 바로보인 전등록 (전30권)

7불로부터 52세대까지 1,701명 선지식의 깨달음의 진수가 담긴 전등록 30권에 농선 대원 선사가 선리(禪理)의 토끼뿔을 더해 닦아 증득하는데 도움이 되도록 하였다.
288쪽. 각권 15,000원

농선 대원 선사 법문 mp3 주문 판매

* 천부경 : 15,000원
* 신심명 : 30,000원
* 현종기 : 65,000원
* 기우목동가 : 75,000원
* 반야심경 : 1회당 5,000원 (총 32회)
* 선가귀감 : 1회당 5,000원 (총 80회)

* 금강경 : 40,000원
* 법성게 : 10,000원
* 법융선사 심명 : 100,000원

농선 대원 선사 작사 CD 주문 판매

* 가슴으로 부르는 불심의 노래 1,2,3집
  각 : 1만 5천원
* 유튜브에서 채널 구독하시고 무료로 찬불가 앨범을 감상하세요

주문 문의 ☎ 031-534-3373

유튜브에서 채널 구독하시고
무료로 찬불가 앨범을 감상하세요

유튜브에서 MOONZEN을 검색하시거나
아래의 주소로 접속해주세요

http://www.youtube.com/user/officialMOONZEN